REINHARD MARX

Kirche *über*lebt

REINHARD MARX

Kirche *über*lebt

Kösel

Inhalt

Wie geht's der Kirche?

7

Kirche und Gesellschaft

19

Kirche und der Geist der Freiheit

37

Kirche – einfach anders?

59

Kirche ändert sich

79

Kirche *über*lebt

103

Dank 122
Verwendete Literatur 123
Abkürzungsverzeichnis 128

Wie geht's der Kirche?

Leere Bänke: ein beliebtes Fotomotiv, wenn es um Kirche geht! Wie ein Mantra wird wiederholt, dass die Bedeutung der Kirchen von Jahr zu Jahr abnimmt und viele Menschen sie verlassen. Zurück bleiben leere Bänke. Da stellt sich dann doch die Frage nach dem »Überleben« der Kirche. In einer Welt, die auf Zahlen und Ergebnisse, auf messbare Renditen und sichtbare Erfolge ausgerichtet ist, scheint der Blick auf die Kirche von Jahr zu Jahr eher düsterer zu werden. Ein unaufhaltsamer Prozess?

Vor Jahrzehnten galt als ausgemacht:
- Je moderner eine Gesellschaft ist, je weiter sie sich entwickelt, je fortschrittlicher sie wird, umso mehr wird das Thema Religion sich erledigen.
- Kirche und Religion werden verschwinden wie der Schnee in der Sonne; und hier wirkt eben die Sonne der Aufklärung.
- Religion und damit Kirche gehören einer älteren Stufe der Menschheitsentwicklung an, die

ohne religiöse Deutungen und Erklärungsmuster nicht auszukommen schien.

- In einer nächsten Stufe der Rationalisierung und wissenschaftlichen Forschung wird sich das Thema Religion erübrigen.

Wir alle wissen, dass wir eine ganz andere Entwicklung erlebt haben: Zwar stimmt es, dass in einer modernen und offenen Gesellschaft Gestalt und Gehalt von Religion sich verändern. Religion verschwindet aber nicht, auch die Kirche nicht. Sie verliert zwar vielleicht an Einfluss und Wirkmächtigkeit, aber religiöse Phänomene sind weiterhin außerordentlich virulent und präsent in der öffentlichen Debatte.

Hinzu kommt eine neue Dynamik und Beunruhigung im Bereich der Religionen, besonders durch die fundamentalistischen und fanatischen Ausprägungen des Islam. Aber es gibt auch im christlichen Bereich neue und sich polarisierende Diskussionen. Manchmal sind dann kulturelle, politische und religiöse Motive vermischt und dann wird deutlich, dass auch in sogenannten fortgeschrittenen, modernen Gesellschaften das Thema Religion nicht erledigt ist, beziehungsweise benutzt werden kann für die Verschärfung von Debatten. Denken wir an die Diskussion über das Kopftuch, die sogenannte Homo-Ehe, die Kreuze in öffentlichen Einrichtungen und vieles andere mehr. Die notwendigen Diskussionen und Auseinandersetzungen in einer offenen Gesellschaft bekommen eine besondere Note durch die religiöse Argumentation und durch die Mobilisierung, die dadurch möglich wird. All das geschieht innerhalb einzelner Gesellschaften, aber auch im Rahmen weltweiter Auseinandersetzungen. Von einem Verschwinden religiöser Thematik, Sprache und Symbolik kann jedenfalls nicht die Rede sein. Im Gegenteil.

Wir erleben also durchaus eine Verschärfung der religiösen Debatten und Kämpfe. Nichts deutet darauf hin, dass sich dies in nächster Zeit erledigen wird. Der von Samuel Huntington 1996 beschworene »Kampf der Kulturen« (»clash of civilizations«) findet heute weit mehr Zustimmung als vor zwei Jahrzehnten. Für mich zeigt sich deutlich, dass die Frage der Religion eine zentrale Frage für die Zukunft nicht nur unseres Gemeinwesens, sondern der Welt geworden ist.

Umso wichtiger ist es, darüber nachzudenken,

wie Religion und Religionen sich in der Zukunft weiterentwickeln. Wie können sie ein Beitrag sein für ein besseres Miteinander in einer globalisierten und sehr heterogenen Welt? Im Blick auf die Entwicklung der Welt und die drohenden Gefahren sollten die Religionen, und da denke ich besonders an das Christentum, nicht Teil des Problems, sondern Teil der Lösung sein. Der große Philosoph und Politiker André Malraux (1901–1976) hat vor einigen Jahrzehnten schon prophezeit, dass das 21. Jahrhundert religiös sein wird oder nicht mehr sein wird. Und es ist wahr: Viele halten mittlerweile Religion für eine notwendige Voraussetzung für das Überleben der Menschheit und für ein gutes Miteinander in einer zusammenwachsenden Welt. Aber welche Religion wird das sein? Können die Religionen sich auf einen Weg begeben, der sie befähigt, diesen Beitrag zu leisten? Und wie sieht es mit dem Christentum aus? Geht es bei der Frage um das Überleben der Kirche letztlich nicht auch um die Frage: In welcher Welt wollen wir leben? Was soll Grundlage unseres Zusammenlebens sein? Welche Werte und Zielvorstellungen sollen uns leiten?

Im Augenblick nehmen wir eher wahr, dass die

Religionen und auch das Christentum sich im Zustand starker innerer Auseinandersetzungen befinden. In einer globalisierten und pluralen Welt – noch einmal konkretisiert und verdichtet in einer offenen Gesellschaft mit Zuwanderung, verschiedenen Religionen und Kulturen – prallen die Unterschiede eben doch stärker aufeinander. Das gilt auch für eine Weltkirche wie die katholische, in der die Einheit der Kirche ein hohes Gut ist und dennoch spürbar wird, wie die verschiedenen Erfahrungen und Lebensäußerungen des Glaubens sich stärker und unmittelbarer begegnen als jemals in der Geschichte. Die eine, globale katholische Kirche ist erst auf dem Weg, konkrete Gestalt anzunehmen.

Dieses Spannungsfeld zeigt sich besonders stark in zwei Tendenzen: Der Wunsch nach Einheit kann auch zu einer Uniformität führen, die zu vieles und zu viele ausschließt. Andererseits bergen Vielfalt und Pluralität die Gefahr des Relativismus und damit des Auseinanderbrechens einer Gemeinschaft. Religion und Kirche befinden sich in einer spannungsreichen Gemengelage, die auch den Charakter einer gewissen Unübersichtlichkeit hat. Das führt dann auch dazu, mit einfachen Antworten diese Unübersichtlichkeit klären zu wollen.

Wie könnte die Zukunft aussehen? Werden die Religionen die Probleme verschärfen oder sind sie ein Teil der Lösung, damit die Menschheitsfamilie einen guten Weg gehen kann? Kann man überhaupt von den Religionen allgemein sprechen? Gibt es nicht viele Mischformen? Wird nicht allzu oft Religion benutzt für ideologische und politische Zwecke oder verflüchtigt sie sich im Westen, in Europa und in anderen offenen Gesellschaften eher hin zu einer unverbindlichen Tradition oder einem starken Gefühl für wichtige Augenblicke des Lebens? Vor allem: Wird etwa das Christentum in der Sozialform der Kirche, insbesondere der katholischen Kirche, überleben oder wird es zersplittert sein in Gruppen und Flügel, vielfältige Gemeinschaften, die der Pluralität der Menschen und ihrer Lebensweisen eher gerecht werden?

Auf dem Weg zu einer
neuen Sozialgestalt

Es ist unmöglich und auch nicht beabsichtigt, all diese grundsätzlichen Fragen, die uns in den nächsten Jahrzehnten bewegen werden, in diesem Buch zu beantworten. Die Fragen können nur den Horizont aufreißen, in dem eine konkrete Frage genauer bedacht werden soll, nämlich: Wie sieht es aus mit der Zukunft der katholischen Kirche in einer offenen Gesellschaft? Ist Kirche überlebt? Überlebt Kirche sich? Wie lebt sie?

Ich glaube, dass die Entwicklung hin zu einer offenen, pluralen, freien Gesellschaft, in der sich die Demokratie als Staatsform entwickelt hat, positiv ist, auch vom Glauben her die richtige Entwicklung war und von den Grundoptionen des Evangeliums gedeckt wird. Diese Entwicklung wird sich langfristig auch in anderen Ländern und Kulturen durchsetzen, so glaube und hoffe ich. Die Kirche wird für die Zukunft ihren Ort suchen müssen in einer solchen Gesellschaft und Kultur. Das hat Folgen für ihr Auftreten, ihre Verkündigung und ihre Sozialformen, wenn sie zugleich daran festhält, das Evangelium grundsätzlich möglichst vielen Menschen, ja allen Menschen, so zu bezeugen, dass sie es aufnehmen können, verstehen können und sich für die Botschaft und Person Christi entscheiden können.

Wenn sich auch die alte Säkularisierungsthese nicht bestätigt hat, so bleibt doch die große Herausforderung einer wirklich neuen Evangelisierung in einer Welt, in einer Kultur, in der etwa Transzendenz nicht mehr wie selbstverständlich zum Leben dazugehört und sich die Wahrheit der Selbstoffenbarung Gottes in Jesus Christus lebenspraktisch beweisen muss. Das Alter und die Autorität einer Institution schützen weder vor dem Niedergang, noch reichen sie aus als Quelle der Erneuerung. Wer darauf baut, sollte sich eher bemühen, die Kirche zum Weltkulturerbe zu erklären.

Als gläubige Menschen vertrauen wir dem Wort des Herrn: »Ich bin bei euch alle Tage bis zum Ende der Welt« (Mt 28,20). Diese Verheißung, dass Jesus Christus mit uns geht, bedeutet aber nicht, dass wir nicht all unsere Fähigkeiten, all unsere Kräfte, all unser Denken mobilisieren müssen, um auf die Herausforderungen der Zeit zu antworten und Kirche für die Menschen zu sein. Es geht ja nicht um das Überleben der Institution

Kirche. Sondern es geht darum, ob möglichst allen Menschen das Evangelium von Jesus Christus verkündet wird. Die Kirche ist kein Selbstzweck, kein geschlossener Kreis, der sich selbst genügt und froh ist, dass nicht so viele unsere Kreise stören, sondern im Gegenteil: Sie ist eine Gemeinschaft, die ausgerichtet ist auf die ganze Welt, auf alle Menschen. Es kann und darf uns nicht gleichgültig lassen, wenn wir immer weniger Menschen mit unserer Botschaft erreichen und einbeziehen in das Leben mit Christus. Dieser missionarische, evangelisierende Impuls, der besonders von Papst Franziskus ausgeht und sein Schreiben *Evangelii Gaudium* (das heißt übersetzt: »Freude des Evangeliums«) prägt, hat nichts zu tun mit einem Geist der Macht und des Einflusses. Es geht nicht um den Gedanken: Wenn die Kirche größer ist, ist sie wichtiger, sondern darum, dass viele Menschen Christus finden, den Weg, die Wahrheit und das Leben (vgl. Joh 14,6). Und deswegen führt auch kein Weg daran vorbei, innerhalb der Kirche Debatten und Auseinandersetzungen über diesen Weg in die Zukunft zu führen.

Die Kirche ist eine Gemeinschaft. Neue Wege, Antworten auf aktuelle Herausforderungen finden wir nur in der Vielfalt der geistlichen Suche, indem wir miteinander sprechen und uns im Glauben austauschen. Dann kommen natürlich auch unterschiedliche Meinungen zutage. Die einen warnen etwa vor der Anpassung an den Zeitgeist und die anderen propagieren ein »Gesundschrumpfen«, damit endlich wieder Klarheit herrscht.

Dass eine Neuorientierung nötig ist, sehen viele. Aber welche Wege zu gehen sind, darüber gibt es Auseinandersetzungen innerhalb der Kirche und ebenso gibt es Prognosen und Debatten außerhalb der Kirche. Ich bin überzeugt, dass wir entscheidende Jahre auf der Suche nach einer neuen Sozialgestalt der katholischen Kirche erleben. Es ist eine Suche, die außerordentlich schwer ist, weil die Situation der Kirche global so unterschiedlich wahrgenommen wird.

Für diesen Weg will ich einige Anstöße geben und in die inner- und außerkirchliche Diskussion einbringen. Es erübrigt sich eigentlich festzuhalten, dass ich hier kein Lehrbuch der Ekklesiologie vorlege, aber doch in meiner Verantwortung als Bischof und Theologe schreibe. Dieses Thema beschäftigt mich seit meiner Dissertation »Ist Kirche anders?« vor über 25 Jahren sehr intensiv. So tauchen viele Gedanken und Thesen aus den letzten Jahrzehnten in neu bedachter Form wieder auf und können so zu aktuellen Debatten beitragen. Als Priester und gläubiger Christ bin ich überzeugt, dass Christus selbst seine Kirche leitet und ich habe es immer wieder auch so erfahren. Aber das heißt auch, mit aller Kraft unseres Herzens, unseres Verstandes und unseres Glaubens den Weg der Kirche zu gestalten, weiterzuentwickeln und mit dafür zu sorgen, dass das Evangelium im umfassenden Sinn des Wortes allen Menschen zugänglich gemacht wird.

Alle tragen Verantwortung für den Weg der Kirche. Da gibt es keine einfache Unterscheidung zwischen der »lehrenden« und der »lernenden« Kirche. Denn wir sind alle miteinander mit unseren Gaben aufgerufen, das Evangelium zu bezeugen. Jeder und jede an seiner und ihrer Stelle. Die Bischöfe und Priester sollen dem ganzen Volk Gottes helfen, diese Berufung zu leben. Das Zweite Vatikanische Konzil hat unterstrichen, dass die Bischöfe als Nachfolger der Apostel in besonderer Weise verantwortlich sind für das Miteinander in der Kirche, für die Einheit, für die Wahrung des Glaubens, für die Ermutigung aller. Und auch die nicht-kirchliche Öffentlichkeit nimmt diese besondere Verantwortung wahr, der wir uns nicht entziehen dürfen und die nicht nur auf die Kirche ausgerichtet ist, sondern auf alle Menschen. Deshalb sind die Kollegialität der Bischöfe und die Gemeinschaft der Bischöfe mit dem Papst von so außerordentlicher Bedeutung für das gemeinsame Zeugnis. Und ich bin mir sehr bewusst, dass ich einmal von Christus zur Rechenschaft gezogen werde. Ja, es braucht gerade im Blick auf die Zukunft der Kirche eine entschiedene Gelassenheit, aber auch Mut und die Anstrengung des Verstandes. Um den Weg in die Zukunft zu gehen, braucht es beides: Beten und Denken!

Kirche und Gesellschaft

Kirche und Gesellschaft – diese Begriffe sind nicht so präzise, wie es zunächst scheint. Beide Wirklichkeiten können nicht soziologisch abgegrenzt werden. Die Menschen etwa, die mit sehr unterschiedlichem Intensitätsgrad Mitglieder der Kirche sind, sind ja auch Gesellschaft. Und Gesellschaft ist eine Wirklichkeit, die schwer zu fassen ist und die in der Gefahr steht, zum Mythos zu werden. Diese Gefahr resultiert einerseits aus dem Versuch, Gesellschaft abschließend zu definieren, was der Ideologie Tür und Tor öffnet; und andererseits aus dem Versuch, die Gesellschaft zu überschätzen, alles aus ihr heraus erklären zu wollen. Dann wird Gesellschaft so etwas wie die letzte Ursache, die letzte Erklärung für alles, was das Miteinander von Menschen betrifft. Man könnte sogar sagen, Gesellschaft wird dann zum neuen Gott erklärt. Auch Kirche kann zu einem sehr diffusen Begriff werden. Das kann Ideologien den Weg bahnen, die sich besonders in Tendenzen der

falschen Überhöhung zeigen, der Selbstimmunisierung und Sakralisierung. Der Bezug zur Wirklichkeit, zum realen Leben, geht so verloren. Darauf muss beim Reden über die Kirche geachtet
werden.

Natürlich geht es mir in meinen Ausführungen
in besonderer Weise um die katholische Kirche.
Aber theologisch ist der Begriff »Kirche« weiter.
Die Kirche Christi ist nicht einfach identisch mit
der katholischen Kirche, denn in gewisser Weise
gehören alle Getauften zur Kirche dazu. So wird,
wenn von Kirche die Rede ist, sicher auch immer
wieder anklingen, dass es um die Christenheit als
Ganzes geht. Ebenso ist der soziologische Begriff
von Kirche nicht einfach zu fassen. Erst recht,
wenn wir von »Kirche« und »Gesellschaft« reden,
als seien das zwei unabhängig voneinander han-
delnde Wirklichkeiten. All das sind Hilfsbegriffe,
die notwendig sind, aber das Ganze nicht hinrei-
chend beschreiben können. Der Soziologe Franz-
Xaver Kaufmann hat einmal gesagt: »Kirche und
Gesellschaft sind keine topographischen beziehungsweise topologischen Begriffe, sondern hoch-
gradig verkürzende und abstrahierende Bezeich-
nungen komplexer Formen menschlichen Zusam-

menlebens in der geschichtlichen Zeit.« Das klingt natürlich sehr kompliziert und akademisch, aber es macht zumindest deutlich, dass das Begriffspaar »Kirche« und »Gesellschaft« nicht so einfach zu gebrauchen ist und wir immer wieder hinterfragen müssen, was im einzelnen Zusammenhang gemeint ist. Wir sollten uns vor der Vorstellung hüten, wir könnten mit solchen Begriffen die Wirklichkeit der Kirche und die Wirklichkeit der Gesellschaft ganz erfassen. Wir brauchen diese Begriffe, um unser Denken zu ordnen, aber aus soziologischer Perspektive werfen sie genauso viele Probleme auf, wie sie als Orientierungsbegriffe hilfreich sind. In unserem Kulturkreis ist es jedenfalls eine Frucht der Moderne, dass »Kirche« und »Gesellschaft« als Wirklichkeiten angeschaut werden können, die nicht einfach deckungsgleich sind, wie es jahrhundertelang der Fall war. Diese Differenzierung ist notwendig und entspricht im Grunde zutiefst auch dem Evangelium.

Beide Begriffe »Kirche« und »Gesellschaft« sind also zwar schwer soziologisch präzise zu fassen, was aber dennoch nötig ist, um die dahinterliegende Wirklichkeit verständlich zu machen, über die ja geredet werden muss. Das Beziehungsgeflecht zwischen Kirche und moderner Gesellschaft ist komplex und eine Beschreibung kann der Gefahr der Vereinfachung und Pauschalisierung nicht ganz entgehen. Aber an diesem Verhältnis wird sich sowohl der Zukunftsweg der Kirche entscheiden als auch der Zukunftsweg der modernen, offenen Gesellschaft.

Denn zunächst war ja ausgemacht, dass besonders die katholische Kirche all dem entgegenstand, was den Schub hin zur modernen, offenen, freien Gesellschaft ausgelöst hat: das Pathos der Subjektivität, die Aufklärung, die modernen Emanzipationsbewegungen, die Menschenrechte, die Volkssouveränität usw.

Die lehramtlichen Äußerungen im Blick auf die Modernisierungsprozesse waren am Anfang durchweg negativ und ablehnend, sodass eine wirkliche Kommunikation und theologische Verarbeitung kaum in Angriff genommen oder sehr frühzeitig unterbunden wurde. Dass hier natürlich in besonderer Weise die Äußerungen der Amtsträger der Kirche gemeint sind, liegt auf der Hand. Sie – beziehungsweise ihre jeweiligen theologischen Berater – waren in der Geschichte der Kirche weitgehend die Akteure. Wie weit die Gläubigen in ihrer Mehrheit manche Position geteilt oder ihnen widersprochen haben, lässt sich mangels statistischer Daten nicht einfach erfassen. Man kann aber sicher davon ausgehen, dass ein Großteil der gläubigen Menschen, wahrscheinlich sogar die Mehrheit, den Weg in eine freie Gesellschaft mitgehen wollte. Die Zeit nach der Reformation, den Konfessionskriegen, einer wachsenden antiklerikalen Aufklärung wurde von vielen Verantwortlichen in der Kirche als eine Zeit des Niedergangs vom wahren Ideal angesehen. Auch wenn man nicht verschweigen sollte, dass es vielfältige theologische und geistliche Bemühungen gab, auch auf katholischer Seite, Aufklärung und Revolution positiv zu verarbeiten. Auf lehramtlicher Ebene war die Ablehnung klar formuliert. Die Kirche verstand sich als eine feste Burg, die umtost ist von bösen Mächten. So wurde im sogenannten »Syllabus errorum«, dem »Verzeichnis der Irrtümer« von Papst Pius IX. 1864 auch die folgende These als falsch verurteilt:

Der Römische Bischof kann und soll sich mit dem Fortschritt, dem Liberalismus und mit der modernen Kultur versöhnen und anfreunden. (DH 2980)

Es wurde also höchstoberhirtlich festgeschrieben, dass es keine Versöhnung, kein Miteinander zwischen Fortschritt, moderner Gesellschaft, Liberalismus und der katholischen Kirche geben kann. Auch die dogmatische Konstitution des Ersten Vatikanischen Konzils über die Kirche, *Pastor Aeternus* (1870), stellt fest, dass »sich die Pforten der Unterwelt von Tag zu Tag mit größerem Hass und von überall her gegen das von Gott gelegte Fundament erheben, um die Kirche – wenn möglich – bis auf den Grund zu zerstören«. Dass dies natürlich auch eine Reaktion war auf einen Staat, auf eine Gesellschaft, die in der Kirche ein Relikt aus dem Mittelalter und ein Hindernis zur weiteren Entwicklung der Nationalstaaten und der Freiheit sahen, muss hinzugefügt werden.

Erst das Zweite Vatikanische Konzil hat hier einen anderen Ton gefunden, ausgehend vom Programm des »aggiornamento«, wie es der heilige Papst Johannes XXIII. proklamiert hat: das »Heutig-Werden« der Kirche. Kirche versteht sich nicht mehr als Gegenüber, als Zitadelle gegen die aus der Welt kommende Bedrohung, sondern möchte Sakrament für die Welt sein. Deshalb heißt es in der dogmatischen Konstitution des

Zweiten Vatikanischen Konzils *Lumen Gentium*
über die Kirche:

Die Kirche ist ja in Christus gleichsam das Sakra-
ment, das heißt Zeichen und Werkzeug für die in-
nigste Vereinigung mit Gott wie für die Einheit der
ganzen Menschheit. (LG 1)

Die Gesellschaft, die Welt, werden als Aufgabe für
die Kirche erkannt. Dieser Satz ist sozusagen die
Zusammenfassung der gesamten Programmatik
und ein Paradigmenwechsel. Denn hier wird klar,
dass die Kirche keine Burg, keine Festung sein
darf, sondern eine Bewegung, die in die Welt hin-
eingeht, damit die Welt und die Menschen Christus finden und so miteinander verbunden werden
in einer neuen Hoffnung. Mit einer solchen For-
mulierung wird unterstrichen, dass eine Kirche,
die sich zurückzieht, nicht denkbar ist. Es geht um
eine Kirche, die hinausgeht. (VGL. EG 23) In der Konsequenz dieser Entwicklung, die die Kirche Gott
sei Dank genommen hat, äußert sich auch Papst
Franziskus 2013 in seinem Apostolischen Schreiben *Evangelii Gaudium* in dem viel zitierten Aus-
spruch von der »verbeulten Kirche«. Er schreibt:

Mir ist eine ›verbeulte‹ Kirche, die verletzt und beschmutzt ist, weil sie auf die Straßen hinausgegangen ist, lieber, als eine Kirche, die aufgrund ihrer Verschlossenheit und ihrer Bequemlichkeit, sich an die eigenen Sicherheiten zu klammern, krank ist. Ich will keine Kirche, die darum besorgt ist, der Mittelpunkt zu sein, und schließlich in einer Anhäufung von fixen Ideen und Streitigkeiten verstrickt ist. Wenn uns etwas in heilige Sorge versetzen und unser Gewissen beunruhigen soll, dann ist es die Tatsache, dass so viele unserer Brüder und Schwestern ohne die Kraft, das Licht und den Trost der Freundschaft mit Jesus Christus leben, ohne eine Glaubensgemeinschaft, die sie aufnimmt, ohne einen Horizont von Sinn und Leben. Ich hoffe, dass mehr als die Furcht, einen Fehler zu machen, unser Beweggrund die Furcht sei, uns einzuschließen in die Strukturen, die uns einen falschen Schutz geben, in die Normen, die uns in unnachsichtige Richter verwandeln, in die Gewohnheiten, in denen wir uns ruhig fühlen, während draußen eine hungrige Menschenmenge wartet und Jesus pausenlos wiederholt: ›Gebt ihr ihnen zu essen!‹ (Mk 6,37). (EG 49)

Diese Ausrichtung muss sich dann auch konkret in der Verkündigung, in der Pastoral, in der Hinwendung zu den Kranken und Schwachen zeigen. Dann kann es nicht zunächst darum gehen, sich selbst zu schützen und die eigene Wahrheit zu verteidigen, sondern diese Wahrheit verständlich und erfahrbar zu machen in der Liturgie, in der Katechese, in der Verkündigung, in der Arbeit für die Menschen, in der Hinwendung zu den Kranken und Schwachen. Das Evangelium kann ja nur durch Wort und Tat zugleich verkündet werden. Nicht nur durch Worte, nicht nur durch Verkündigung einer Lehre, sondern durch Eintreten in eine Begegnung, eine Kommunikation, wie es dann ja auch das große Konzilsdokument *Dei Verbum* entfaltet hat. Die Offenbarung ist nicht eine Lehre, die von oben her den Menschen gegeben wird, damit sie sie lernen, sondern Selbstmitteilung Gottes, das Eintreten in eine Beziehung, das Verwandeln durch Begegnung.

Wir haben eben nicht nur Worte *über* Gott und Worte *von* Gott, sondern Gott teilt sich selbst mit. Das klingt fremd für unsere Ohren und wir brauchen vielleicht einen Vergleich, um das zu verstehen: Wenn wir mit einem anderen Menschen zum ersten Mal sprechen, dann hören wir ja nicht nur seine Wörter, sondern versuchen, etwas von seinem Wesen zu erfassen. Wir wollen wissen, wer der andere ist. Wenn der andere das völlig zurückhält und verdeckt, dann wird keine tiefere Beziehung entstehen. Der andere muss sich selbst ein Stück weit preisgeben, damit wir anknüpfen können mit dem, was wir von uns preisgeben. So teilt sich Gott uns mit! Und wir als Kirche antworten.

Deshalb ist es notwendig, die Selbstoffenbarung Gottes verständlicher, einsichtiger und erfahrbarer zu machen durch ein Zeugnis, das Wort und Tat verbindet. Es geht darum, das Evangelium in die Welt zu tragen, ja der Welt zu dienen und von der Welt zu lernen.

Freude und Hoffnung, Trauer und Angst der Menschen von heute, besonders der Armen und Bedrängten, sind auch Freude und Hoffnung, Trauer und Angst der Jünger Christi. (GS 1)

Vielleicht wird kein anderes Zitat des Zweiten Vatikanischen Konzils so häufig gebraucht wie diese Eröffnungsworte des Konzilstextes *Gaudium et Spes*, der über die Kirche in der Welt von heute nachdenkt. Es ist so banal wie wahr: Die Gläubigen, die die Kirche bilden, unterscheiden sich im gemeinsamen Menschsein nicht von anderen Menschen. Und deshalb kann der Kirche nichts Menschliches fremd sein. Dass diese Aussage ein konsequentes Handeln erfordert und sich die Kirche in ihrer Verkündigung eine neue Sprachfähigkeit erwerben musste und muss, liegt auf der Hand. Dieser Prozess ist noch längst nicht abgeschlossen. Es geht eben immer wieder um die eingangs aufgezeigte komplexe Verhältnisbestimmung von Kirche und Gesellschaft.

Im Zweiten Vatikanischen Konzil brachten diese Äußerungen einen völlig neuen Ton zum Klingen, sich nicht nur als Gegenüber, sondern als kritische Wegbegleiterin der Menschheit zu sehen. Es zeigt die neue Bereitschaft, sich nicht weiter zu verstricken in einen Krieg gegen die Moderne, einschließlich eines realen Kampfes gegen jeden theologischen »Modernismus« – ein Kampf, der letztlich mit großem Schaden verloren gegangen ist –, sondern vom Evangelium her die Zeit und die Gesellschaft kritisch in den Blick zu nehmen. Aber mit großer Liebe! Und mit der Offenheit, auch aus der Geschichte der Menschheit, aus der Wissenschaft, aus der gesellschaftlichen Entwicklung zu lernen. Daraus ergibt sich sogar die Pflicht der Kirche, »nach den Zeichen der Zeit zu forschen und sie im Licht des Evangeliums zu deuten« (GS 4).

Kirche als Funktion der Gesellschaft?

Manche aktuelle Debatte in der Kirche erinnert mich durchaus an diesen Selbstvergewisserungsprozess der letzten 150 Jahre. Fünfzig Jahre nach dem Zweiten Vatikanischen Konzil wird gelegentlich wieder ein Verhältnis von Kirche und Gesellschaft propagiert, das eher an die Zeit des Anti-Modernismus erinnert. Es ist wieder das Konzept von Kirche als einer Burg der Wahrheit, die im Status des Weltkulturerbes angekommen scheint und die den Herausforderungen und Veränderungen trotzt. Entgegen der Suche nach den Zeichen der Zeit und einer durchaus kritischen Betrachtung im glaubensfrohen, hoffnungsvollen und liebevollen Licht des Evangeliums, wird das Modell der Belehrung von oben gestärkt. Nach dieser Vorstellung soll es gerade keine offene Kommunikation mit anderen und auch kein Lernen von anderen geben, weil es ja gar keine Kommunikation auf Augenhöhe mit »der« Kirche geben könne und sie »die Wahrheit« besitzt.

Ein solches Konzept wird immer auch Menschen anziehen. Aber ist es wirklich der Weg in die Zukunft? Ich fürchte, es ist eher der Weg in ein selbst gewähltes Ghetto, in dem man natürlich überleben kann, aber den Auftrag der Evangelisierung aller Menschen, ja der ganzen Schöpfung, im Grunde aufgegeben hat und sich fast trotzig selbst genügt. Denn natürlich gibt es gerade in einer offenen und freien Gesellschaft auch die, die den Anspruch der Freiheit nicht ertragen und die damit gegebene moralische Herausforderung sowie das anspruchsvolle Menschenbild, das einer freien Gesellschaft und auch dem Glauben zugrunde liegen muss.

Da ist es leicht, die Flucht anzutreten in religiöse und politische Populismen, die ideologischen Schubladen aufzumachen und in Schwarz-Weiß-Kategorien die Welt zu beurteilen. Eine Kirche, die solchen Versuchungen nachgäbe, wäre unfähig zu wirklicher Kommunikation und damit inkompatibel mit der modernen Welt. Die Kirche wäre dann auch in sich in einem Widerspruch gefangen, da sie doch nach ihrem Selbstverständnis Sakrament der Einheit aller Menschen sein soll.

Aber ist die Gefahr der Anpassung und Angleichung an die Gesellschaft nicht noch viel größer? Sind die Liberalen, Progressiven, Reformisten (oder wie immer man sie nennen möchte) für die Zukunft der Kirche nicht noch viel gefährlicher als die, die die Kirche aufbauen als Burg und Rückzugsort? Es wäre in der Tat weder der Gesellschaft noch der Kirche geholfen, wenn die Kirche den schlichten Weg der Anpassung an die demoskopisch erwarteten Bedürfnisse ginge und so zur Funktion der Gesellschaft würde. Es gibt ja keine zwingend notwendige gesellschaftliche Entwicklung, sondern Gesellschaft ist der Raum vieler freier Akteure und nicht ein Kollektiv-Subjekt, das einer notwendig verlaufenden Evolutionsgeschichte folgt, und wo jede Entwicklung deshalb ein Fortschritt ist. Diese Vorstellung liegt allerdings manchem Denken zugrunde und ist nicht nur falsch, sondern eine große Gefährdung der Freiheit und der Würde des Menschen. Dann gäbe es nur die Alternative, sich anzupassen. Das Evangelium ist aber nicht einfach ein jeweils funktional veränderbarer gesellschaftlicher Kitt, ein flexibel anzuwendendes religiöses Gefühl. Die Kirche hat vielmehr mit dem Evangelium kritisch in die gesellschaftlichen, politischen und kulturellen Ereignisse einzugreifen, aber nicht als unbeteiligte Beobachterin von außen, sondern als Wegbegleiterin inmitten der Gemeinschaft der Menschen: hörend, lernend und Zeugnis gebend in den verschiedenen Weisen ihrer Präsenz in dieser modernen Gesellschaft.

Wenn der Rhythmus der gesellschaftlichen Entwicklung bestimmt wird durch die Verbindung des ökonomischen Imperativs (was Gewinn macht, was Profit bringt, darf nicht verhindert werden) mit dem technologischen Imperativ (was technisch möglich ist, muss auch Realität werden können), und das alles kombiniert mit einer Moral des »minus malum«, des kleineren Übels, dann wird eine solche Gesellschaft im moralischen Nirgendwo landen. Sich da anzupassen, wäre Verrat am Auftrag der Kirche. Das wäre eine Anpassung an die falschen Verhältnisse.

Es gibt also durchaus eine notwendige kritische Sicht auf das, was sich in der Gesellschaft in den letzten Jahrzehnten entwickelt und welche Tendenzen sich für die Zukunft anbahnen. Da ist ein falscher Fortschrittsoptimismus fehl am Platz, der ja mit einem evolutiven Weltbild zutiefst verbunden ist. Das ist ein blinder Glaube an die normative Kraft des Faktischen oder die etwas kindliche, aber letztlich doch eher banale Haltung: Es wird schon alles gut gehen. Und: Das Neue ist besser als das Alte. Es muss möglich sein, einer solchen Entwicklung in die Speichen zu greifen. Und deswegen braucht gerade die moderne Gesellschaft mit ihrer Dynamik die Institutionen der Entschleunigung, der Unterbrechung. Vielen ist das durchaus bewusst: Wenn die Kirche und damit auch die Stimme des Evangeliums öffentlich verstummt, ist das mindestens genauso besorgniserregend, wie wenn eine Spezies in Flora und Fauna verschwindet, worüber man sich zu Recht erregt. Aber es geht eben nicht darum, eine Spezies zu bewahren, möglicherweise sogar im Zoo oder in Reservaten, und die Kirche in die Kategorie des Weltkulturerbes einzuordnen, sondern sie als kraftvolle, überzeugende, kritische Wegbegleiterin durch die Geschichte der Menschheit hindurch aufzustellen. Und deshalb muss die Kirche zutiefst kommunikativ sein: so reden dass sie gehört und verstanden werden kann.

Kann sich so das Verhältnis von Kirche und

moderner (Welt-)Gesellschaft kritisch-konstruktiv entwickeln, sodass ein vielleicht spannungsreiches, aber fruchtbares Miteinander entstehen kann? Wird die Kirche im 21. Jahrhundert eher das Programm des Zweiten Vatikanischen Konzils auch sichtbar und erfahrbar machen können, nämlich Sakrament, das heißt Werkzeug der Einheit aller Menschen und der Einheit mit Gott zu sein? Als gläubiger Christ bin ich dieser Überzeugung, denn das Evangelium ist ja »vernunftgeleitete Aufklärung« (Joseph Ratzinger). »Christus ist das Licht der Völker« – so beginnt die Konzilskonstitution *Lumen Gentium* über die Kirche, und das muss und kann sich immer wieder neu erweisen. Noch einmal: Das bedeutet nicht, dass sich im Verhältnis von Kirche und Gesellschaft immer Harmonie einstellt. Es wird spannungsvoll und kritisch bleiben, aber nicht nur im Blick auf das, was die Kirche zu sagen hat, sondern auch im Blick auf das, was sie von der Gesellschaft zu lernen hat. Welche große Bedeutung die Kirche für die globale Menschheit haben kann, wird in unserer Zeit noch deutlicher als in der Vergangenheit. Wir haben die Chance, die Aufgabe, uns von Gott in eine neue Epoche des Christentums führen zu lassen.

Kirche und der Geist
der Freiheit

Als ich zum Weihbischof ernannt wurde, musste
ich mir ein Leitwort überlegen, und sehr spontan
habe ich mich entschieden, das Wort aus dem
zweiten Korintherbrief zu wählen: »Wo der Geist
des Herrn wirkt, da ist Freiheit«. (2 Kor 3,17) Denn
für mich gehört es zu den großen Tragödien der
europäischen Geschichte beziehungsweise der
Geschichte der westlichen Zivilisation, dass das
große Thema der Freiheit Gesellschaft und Kirche
eher auseinandergebracht als zueinandergeführt
hat. Dabei ist Freiheit auch das große Thema der
biblischen Botschaft. Wie konnte es dazu kommen, dass in den großen Freiheitsbewegungen, die
auf die moderne Welt, die auf Demokratie und
Menschenrechte hingeführt haben, die Kirche
nicht als »Ferment« oder auch Werkzeug und Instrument erfahren wurde, sondern als eine Macht
und Institution, die Freiheit behindert und unmöglich macht? Jedenfalls muss man diesen Ein-

druck gewinnen, wenn man auf die Geistesgeschichte Europas schaut. Natürlich kann man, wenn man die Entwicklung genauer untersucht, den Einfluss der biblischen Überlieferungen auf Selbstverständnis und Leben der Menschen auch im politischen und gesellschaftlichen Bereich erkennen, aber die Kirche als Institution stand der Entwicklung zur Freiheit abweisend gegenüber.

Der christliche Glaube hat mit dazu geführt, dass die Freiheit des Einzelnen stärker in den Blick gekommen ist. Die Vorstellung, dass alle wirklich voll eingegliedert sind in das Geheimnis des neuen Lebens, den Leib Christi, dass die Erlösung jeden Menschen ganz ergreift und befreit, ist in beeindruckender Weise in den Worten der Bibel erkennbar und hat auch das Zusammenleben der ersten Christen nachhaltig geprägt. Das gilt auch für das neue Verhältnis der Geschlechter zueinander, das sich durchaus von der antiken Welt abgesetzt hat. Es gilt für die Hinwendung zu den Kranken und Schwachen, den Ungeborenen, den Kindern. Und es gilt letztlich auch für die Trennung von Kirche und Staat, die als ein Element der Freiheit eben die Begrenzung des Staates, des Kaisers, der politischen Macht zur Folge hatte. All diese Linien hin zur Freiheit sind ohne Zweifel da. Und dennoch ist die Verbindung von Freiheit und Erlösung, von christlichem, biblischem Freiheitsverständnis und den gesellschaftlichen Auswirkungen auf eine größere Freiheit der Menschen hin nicht sichtbar geblieben. Im Gegenteil, es setzte sich im sogenannten Aufklärungszeitalter der Gedanke durch, die Kirche sei eher eine Feindin der Freiheit. Ich halte das für eine fast tragische Entwicklung und ein verheerendes Missverständnis auf beiden Seiten!

Freiheit vollendet sich in der Liebe

Ich bin überzeugt, dass der Weg der Kirche in die Zukunft dann gut möglich ist, wenn sie das große Thema der Freiheit und Befreiung, im weiteren Sinn der Erlösung, neu so zur Sprache bringt und sakramental vergegenwärtigt, dass erkennbar wird: Im Glauben und in der Begegnung mit Christus finden wir die wahre Freiheit, die nicht einfach gegen politische und gesellschaftliche Freiheit und Emanzipation ist, sondern sie weiterführt, zum Ziel führt, auf die Wahrheit und das Gute hin orientiert. Wir könnten sagen, die Freiheit vollendet sich in der Liebe, und nur dann führt sie zum Glück des Menschen. Das sind große Worte! Deshalb noch einmal genauer, was ich meine:

Gerade in der biblischen Idee von Freiheit wird doch deutlich, dass die Freiheit nicht nur eine Freiheit von, sondern eine Freiheit zu ist. Die Befreiung des Volkes Gottes aus der Sklavenherrschaft in Ägypten, der große Exodus, vollendet sich ja in der Landnahme, im Bundesschluss, im neuen Leben, in der Verbindlichkeit des Miteinanders, in der Einheit zwischen Gott und seinem Volk. Dieses Freiheitskonzept ist durchaus mit modernen Freiheitsvorstellungen zu verbinden. Aber es geht eben nicht nur – wie es in der Geschichte Europas in den wichtigen Auseinandersetzungen des Mittelalters der Fall war – um die »Freiheit der Kirche«, sondern um die Freiheit jedes Menschen von Zwängen und Institutionen, die den Weg versperren in eine verantwortliche Freiheit hinein. Denn erst so kann der Mensch, auch als Abbild Gottes, ein sittliches Subjekt sein. Nur wer sich in Freiheit für das Gute entscheidet, handelt moralisch. Dass die Kirche selbst als Institution wahrgenommen wurde, von der man sich befreien musste, um dann

ein freier Mensch und Christ zu werden, ist – ich
sage es noch einmal – im Grunde eine Tragödie.

Dabei waren die Instrumente zu einem rechten
Verständnis von Freiheit in Theologie und Bibel
vorhanden und sind es weiterhin. Auch im Katechismus wurde gelehrt, dass die »vollkommene
Reue« natürlich besser sei als die »unvollkommene Reue«, denn die unvollkommene Reue führt
dazu, dass jemand aus Angst und nur weil es ihm
geboten wird, das Gute tut. Die vollkommene
Reue führt zur wirklichen Umkehr, zur Freiheit.
Wir tun dann das Gute aus Liebe. Und dann wird
es ein Weg zum umfassend guten und glücklichen
Leben.

Wenn wir auf die Entwicklung der letzten Jahrhunderte bis in die Gegenwart hinein schauen,
dann sehen wir, dass eine Konzeption von Freiheit,
die allein an Profitinteressen orientiert ist oder
nur darauf ausgerichtet ist, die materielle Lebens-
möglichkeit des Menschen zu erweitern, seine
Selbstbestimmung und die Macht über andere zu
vergrößern, ins Leere läuft oder sogar umschlägt
in Unfreiheit und neue Abhängigkeit. Und deswegen haben ja Kritiker von einer »Dialektik der
Aufklärung« (Horkheimer / Adorno) gesprochen.

Sie haben gesehen, wie sich die Konzepte von Fortschritt und gesellschaftlicher Entwicklung gegen den Menschen wenden können, wenn sie auf die Idee der Wahrheit und des Guten verzichten und so eine falsche Utopie produzieren.

So konnte es kommen, dass im Namen einer »Pseudo-Freiheit«, im Namen einer »falschen Aufklärung« die Totalitarismen des 19. und 20. Jahrhunderts sich austoben konnten unter dem Vorwand, den Menschen wirklich befreien zu wollen durch gewaltsame Vernichtung von Gegnern, durch rassistische Ideologien, durch den Kampf für eine klassenlose Gesellschaft und was auch immer. Diese Wahnvorstellungen haben Millionen Menschen das Leben gekostet. Sie sind nicht rückgängig zu machen. Aber wir müssen als (Welt-) Gemeinschaft dafür sorgen, dass solche Totalitarismen nie wieder oder nicht mehr Macht gewinnen können.

Die wirkliche Freiheit und Befreiung hat nichts mit Beliebigkeit und Gleichgültigkeit zu tun, sondern ist gerade auch von der biblischen Botschaft her eine verantwortliche Freiheit, die sich mit der Gnade Gottes für das Gute öffnet und so zur Vollendung des Einzelnen und auch der Gemeinschaft der Menschen beiträgt. Hier kommen ja – und das ist das Faszinierende in der Geschichte des Christentums – die großen philosophischen Erkenntnisse der Antike mit der biblischen Wahrheit zusammen und führen so zum Begriff der Tugend, des »guten Lebens« (der sittlich-verantwortlichen Persönlichkeit). Die biblische Botschaft intensiviert und radikalisiert diese Perspektive in dem großen Wort »Liebe«.

Darum können wir im Blick auf die große Geschichte der Freiheit sagen: Frei ist, wer sich verantwortlich für das Gute entscheidet. Nun sage ich die großen Worte noch einmal: Die Freiheit vollendet sich in der Liebe!

Eine neue Wirklichkeit

Dafür steht die österliche Botschaft und das ist auch der ethische Kern des Evangeliums. Wie soll eine Kirche, die als eine Protagonistin der Unfreiheit, der Unmündigkeit, des Rechthabens und der Herrschaft über andere erscheint, in der modernen, offenen Gesellschaft überhaupt Gehör finden? Natürlich: Es geht um eine verantwortliche Freiheit, nicht um ein bindungsloses Freiwerden, das ins Leere laufen muss und zerstörerisch wird. Aber es geht eben um Freiheit, um eine positive Sicht der Verantwortung jedes Einzelnen in Kirche und Gesellschaft.

Freiheit hängt ja mit Erlösung, mit Loskauf, zusammen und bezieht sich in der biblischen Verkündigung sowohl auf die Existenz des Einzelnen wie auf den Weg des Volkes Gottes, der ja ein Weg ist für alle Menschen. In der Erlösung durch Christus sind wir losgekauft von der Verkrümmung in uns selbst, von einem todverfallenen Egoismus, von der Unfähigkeit zur Liebe. Und diese Freiheit hat Auswirkungen auch im gesellschaftlichen und politischen Bereich. Deshalb werden in der Osternacht die Geschichten von der Befreiung aus dem Sklavenhaus Ägypten vorgetragen und die Visionen vom neuen Himmel und der neuen Erde erzählt. Wir glauben: In Christus ist wirklich eine neue Schöpfung jetzt schon geschenkt, die inmitten der »alten« Welt wirksam wird durch uns, durch das Volk Gottes, durch die österlichen Sakramente. Inmitten der »alten Welt« ist die »neue Welt« der wahren Freiheit schon da und die Kirche sollte die große Protagonistin dieses neuen Lebens sein, das in besonderer Weise gekennzeichnet ist durch die Freiheit, die sich in der Liebe vollendet. Für mich ist diese Botschaft eine große Kraftquelle für meinen Dienst als Bischof und eine Ermutigung, die vielfältigen Spuren der »neuen Schöpfung« zu entdecken und zu verkünden.

Es ist wohl wahr: Die Geschichte der Menschheit ist nicht nur einfach eine Geschichte des Fortschritts. Aber wahr ist auch, dass es Elemente in dieser Geschichte gibt, die ohne Zweifel positive Entwicklungen darstellen. Und darüber hinaus auch eine gewisse Korrelation auf das haben, was Jesus das Reich Gottes genannt hat. Das Zweite Vatikanische Konzil hat unterstrichen, dass der Fortschritt nicht gleichgesetzt werden kann mit dem Wachsen des Reiches Gottes und umgekehrt. Aber es gibt eine Beziehung und ein Miteinander, eine Bezogenheit der beiden Wirklichkeiten. (VGL. GS 58) Wie dieses Verhältnis geschichtlich und gesellschaftlich erfahrbar wird, darüber gibt es intensive theologische Diskussionen. Aber eine Konzeption, die die Kirche ins Abseits der geschichtlichen und gesellschaftlichen Entwicklung stellt, zum Reservat für die Aufbewahrung bestimmter Wahrheiten erklärt, sozusagen zur Rückzugsstation, bis der Herr wiederkommt und der neue Himmel und die neue Erde Wirklichkeit werden, ist theologisch nicht akzeptabel.

Die österliche Erfahrung, die in der Sendung des Heiligen Geistes abgeschlossen wird, wirkt sich schon jetzt auf die ganze Welt aus. Die ganze Schöpfung, die gesamte Wirklichkeit, soll im Heiligen Geist durch Christus zum Vater geführt werden und diese Bewegung geht durch die ganze Geschichte der Menschheit hindurch bis zum Ende. Für die Kirche heißt das, in allen Lebensbereichen der Menschen die österliche Dynamik zu bezeugen, auch im Bereich von Politik, Kultur und Wirtschaft. Das neue Leben in Christus kennt keine Trennung zwischen Liturgie und Leben, Feier der Sakramente und Einsatz für die Kranken und Schwachen. In der Feier der Heiligen Messe ist die neue Schöpfung wirkmächtig gegenwärtig. Inmitten der »alten Welt« ist die »neue Welt« schon da und wirkt als Kraftzentrum, damit die ganze Wirklichkeit des Menschen hineingeführt, hineingezogen wird in die Bewegung, die im Heiligen Geist durch Christus in die Arme des Vaters führt, in diese endgültige, unzerstörbare neue Schöpfung, die von Gott kommt. Benedikt XVI.

führt das gut aus im zweiten Band seiner Jesus-Bücher, wenn er unterstreicht, dass der auferstandene Jesus in der Kraft seines Geistes jetzt schon wirkmächtig nicht nur jeden Einzelnen, sondern auch die geschichtliche und gesellschaftliche Realität verändern, bewegen, vorantreiben will.

Im Grunde ist das gemeint, wenn das Zweite Vatikanische Konzil von der Kirche als Sakrament spricht. Kirche soll Instrument der Verwandlung, der Dynamik auf die neue Schöpfung hin sein, und kann in diesem Sinne durchaus als eine kritische, aber liebende Wegbegleiterin in der Geschichte der Menschheit gesehen werden. Das ist theologisch gut begründet, ja, aus der gesamten Theologie des Neuen Testamentes und der theologischen Reflexion der Kirche durch die Jahrhunderte hindurch ganz konsequent.

Kirche lehrt und lernt

Vor allem muss ja unterstrichen werden, dass Kirche nicht nur die offiziellen Amtsträger sind, die oft in der Geschichte als Akteure sichtbar werden, sondern das gesamte Volk Gottes, das ja in die Geschichte der Menschheit involviert ist, Teil dieser Geschichte ist. An dieser österlichen Verwandlung der Welt nehmen alle Glieder der Kirche teil, die durch Taufe und Firmung dazugehören, und so durch ihr alltägliches Leben, durch ihr Gebet, durch ihren Einsatz in Familie, Gesellschaft, Politik, Kultur diesen Prozess der »Heimholung der Welt« mit befördern. Priester und Bischöfe und auch der Papst sollen dem Volk Gottes helfen, damit alle ihrer Berufung gemäß leben können. Aber die Berufung ist an das ganze Volk Gottes gerichtet. Im Konzilstext über die Kirche heißt es:

Gott hat es aber gefallen, die Menschen nicht einzeln, unabhängig von aller wechselseitigen Verbindung, zu heiligen und zu retten, sondern sie zu einem Volke zu machen, das ihn in Wahrheit anerkennen und ihm in Heiligkeit dienen soll. (LG 9)

Hier wird schon deutlich, dass die Kirche eine besondere Wirklichkeit ist: Aus vielen Völkern wird ein neues Volk, das inmitten der Völker Zeugnis ablegt vom Evangelium. Und schließlich: Das Volk Gottes soll Sakrament der Einheit für alle sein.

*Bestimmt zur Verbreitung über alle Länder, tritt sie
(die Kirche) in die menschliche Geschichte ein und
übersteigt doch zugleich Zeiten und Grenzen der
Völker.* (LG 9)

Die Kirche ist als Volk Gottes Mitpilgerin in der
Geschichte der Menschheit und braucht deshalb
die Kommunikation mit der Welt, ist in sie hinein-
verwoben und doch nicht identisch mit ihr.

So kann die sogenannte Moderne in manchen
ihrer Elemente durchaus auch als ein theologischer Fortschritt gesehen werden. Der »Fortschritt
im Bewusstsein der Freiheit« (Hegel) hat durchaus etwas mit dem Evangelium zu tun und deswegen ist es von überragender Bedeutung, die großen Themen der Theologie in Beziehung zu setzen
zum Leben der Menschen in Geschichte und Gesellschaft. Natürlich geht es nicht darum, die Botschaft des Glaubens der Welt anzupassen, sondern
sie kritisch einzubringen und so Welt zu gestalten.
Das heißt anzuerkennen, dass der Geist Gottes
auch außerhalb der Kirche Bewegung und Dynamik in Gang bringen kann und so die Kirche auf
ihren ureigenen Weg zurückbringt. Die Kirche ist
nicht nur Lehrerin für andere, sie lernt auch von

anderen. Sie lernt aus der Geschichte und der Gesellschaft, sie will die Zeichen der Zeit im Licht des Evangeliums deuten und das kann und muss dazu führen, dass die Kirche sich selbst verändert und eine zeitgemäßere Gestalt annimmt. Geschichte und Gesellschaft prägen die Kirche selbst und sind für sie eine Hilfe:

Wie es aber im Interesse der Welt liegt, die Kirche als gesellschaftliche Wirklichkeit der Geschichte und als deren Ferment anzuerkennen, so ist sich auch die Kirche im Klaren, wie viel sie selbst der Geschichte und Entwicklung der Gesellschaft verdankt. (GS 44)

Dieses Wechselverhältnis ist für das Selbstverständnis der Kirche, für ihr Auftreten, für die Art und Weise der Verkündigung, von außerordentlicher Bedeutung.

In einem Bereich hat die Kirche gezeigt, was kritische Wegbegleitung in der Moderne sein könnte. Wenigstens gibt es bis heute Ansätze, die auch dazu geführt haben, dass hier so etwas deutlich wird wie eine konstruktiv-kritische Einmischung und ein positives Setzen von Impulsen. Das ist der gesamte Bereich der Katholischen Soziallehre. In der Auseinandersetzung mit dem Kapitalismus, und dann auch in anderer Weise mit dem Kommunismus, haben die Päpste, das Zweite Vatikanische Konzil und auch viele Bischöfe und Theologen gezeigt, dass es möglich ist, sich auf Augenhöhe mit den gesellschaftlichen Entwicklungen kritisch einzumischen und so zu verdeutlichen, welche Aufgabe der Kirche in der Welt zukommen kann. Aber nicht nur die Entwicklung eines bindungslosen und nur noch am Profit orientierten Kapitalismus braucht die Intervention der Kirche, auch die Entwicklung der Demokratie und der Wissenschaft sind durchaus angewiesen auf diese kritische Wegbegleitung.

Die Ökonomisierung, Technisierung, Digitalisierung nahezu aller Bereiche des menschlichen Lebens lässt mich eine »Aufklärung der Aufklärung« fordern. Dies klingt nach einem Widerspruch in sich: Muss sich, kann sich Aufklärung noch selbst aufklären lassen? Bei allen unterschiedlichen Erscheinungsformen hat Aufklärung immer mit Autonomie, Freiheit, dem Pathos der Subjektivität, Emanzipation, Selbstbestimmung des Menschen zu tun. Diese Linien ziehen sich durch alle Aufklärungsphilosophien und -bewegungen hindurch. Es geht mir im Kern dieser Frage um die Spannung von Glaube und Vernunft, die im Menschen selbst angelegt ist. Für viele schließen sich Vernunft und Glaube weiterhin aus. Ich komme aus einer anderen Tradition. Für mich ist der christliche Glaube ein Glaube, der sich vor der Vernunft verantworten will, der reflektierter Glaube ist. Die Vernunft ersetzt den Glauben nicht. Aber der Glaube braucht Vernunft, braucht vernünftiges Überlegen. Wir sind ja nicht eine »vormoderne« Religion, die bestimmte Rituale feiert, sondern eine, die sich vor der Vernunft verantworten will. Und umgekehrt gilt: Eine Vernunft, die sich abschließt, die zum Beispiel die Gottesidee nicht als eine Herausforderung betrachtet, sondern sie von vorneherein ausschließt – ohne sie natürlich vernünftig vollständig erfassen zu können –, wäre ebenfalls grundsätzlich zu hinterfragen. Das Drama von Glaube und Vernunft hat das Abendland sehr geprägt und könnte und müsste es auch heute noch prägen. Aber ich habe den Eindruck, dass manche unter Glauben tatsächlich etwas verstehen, das eher unvernünftig ist. Wenn wir deshalb Religion wirklich einbringen wollen, dann geht es nicht darum, Gott zu beweisen oder in der naturwissenschaftlichen Logik Religion zu rekonstruieren. Aber man kann die Frage nach Gott und nach dem Menschen nur umfassend beantworten, wenn man Gesichtspunkte mit einbezieht, die nicht nur dem naturwissenschaftlichen oder ökonomischen Paradigma gehorchen, also verkürzt gesagt der Logik: Was bringt es?, Funktioniert es?, Kann ich es experimentell beweisen?. Bringt es Profit? So lässt sich die Wahrheitsfrage nicht erschöpfend beantworten. Dieses Thema hier aufzuwerfen, hat nichts zu tun mit einem Rückfall vor die Aufklärung, sondern mit der Erweiterung der Perspektive über den Menschen und seine Hoffnungen, seine Möglichkeiten. Das, meine ich, wäre auch heute notwendig und kein Rückschritt. Wir müssen diesen Schritt gehen um der ganzen Wahrheit über den Menschen willen.

Den Gewinn des Nutzlosen erkennen

Ich bin überzeugt, dass auch in einer aufgeklärten Epoche und auch im Gefolge der Aufklärung der Glaube die Vernunft weiterhin bereichern und die eigenen Logiken unterbrechen kann. Johann Baptist Metz hat einmal sehr prägnant formuliert: »Die kürzeste Definition von Religion: Unterbrechung.« Unterbrechung in diesem Sinn heißt für mich: noch einmal die Möglichkeit, anderes zuzulassen und aufzunehmen, nicht in der Verlängerung des Nützlichen und Ökonomisierbaren zu verbleiben, sondern den Gewinn des Nutzlosen zu erkennen. Ich würde mir sehr wünschen, dass sich die Aufklärung – soweit man sie überhaupt in einem Begriff fassen kann – beziehungsweise das aufgeklärte Denken so aufklären lässt, dass es auch offen ist für Wissensbestände, für Nachdenklichkeiten, für Weitungen des Blickes, die insgesamt dem Gemeinwesen, dem Menschen, der Schöpfung dienen können. Ohne eine solche Horizonterweiterung besteht die Gefahr, dass wir uns in der individualistischen Perspektive des Nutzens verlieren. Darauf hat auch Jürgen Habermas aufmerksam gemacht. Das wäre dann auch ein Ende der Freiheit.

Das alles bezieht sich eher auf die gesellschaftliche, politische und wirtschaftliche Entwicklung. Aber wie steht es um die Freiheit des Einzelnen? Ist auch hier erkennbar, wie die Verkündigung des Evangeliums Menschen wirklich frei macht und so anziehend wird für viele?

Für mich bleiben die Ostererfahrung und das Osterereignis der Schlüssel der christlichen Botschaft und der Dynamik der Befreiung und Freiheit. Dabei geht es eben nicht nur um äußerliche Befreiungen, sondern um den ganzen Menschen. Nach der Begegnung mit dem Auferstandenen sind die Jünger ohne Angst und treten mutig an die Öffentlichkeit, sind offensichtlich freie Menschen geworden. Diese Ostererfahrung setzt sich in der Geschichte der Kirche fort. Aus der Erkenntnis, dass eine Begegnung mit dem Auferstandenen wirklich möglich ist, entsteht Freiheit.

Noch zu wenig ist bewusst, wie etwa die Feier der Liturgie und das Gebet Räume der Freiheit sind (nicht der Beliebigkeit!). In der Liturgie werden die Grenzen von Raum und Zeit durchbrochen und wir treten ein in den Raum der unendlichen Möglichkeit Gottes. Das gilt auch für das Gebet. Allen steht dieser Weg offen. Man könnte sagen, dass die Kirche die Freiheit des Subjekts gerade durch diesen Bereich der Innerlichkeit erst möglich gemacht hat. Aber hilft sie genug, dass alle diesen Weg der »inneren Befreiung« gehen können? Liturgie und Gebet sind nicht wenigen vorbehalten, kein Privileg der Priester und Theologen, sondern stehen jedem Getauften und Gefirmten offen. Dass auch diese Erkenntnis sich langsam erst durchsetzte und bis heute manchen Christen nicht erschlossen ist, welch ein kostbares Geschenk etwa das innere Gebet ist, welch ein großer Raum der Freiheit, ist offensichtlich. Auch hier gilt es, selbstkritisch zu fragen, warum sich manchmal diese in der biblischen Tradition und in der christlichen Spiritualität grundgelegten Freiheitsbotschaften so wenig in der großen Gemeinschaft des Volkes Gottes durchgesetzt haben, beziehungsweise wie wenig Menschen hineingeführt wurden in das innere, das freie Beten, in die freie Liebesbeziehung mit dem lebendigen Gott, der uns allen hilft, Menschen zu werden, die sich in verantwortlicher Freiheit für das Gute entscheiden, die Wahrheit suchen und in der Liebe bleiben wollen. Das gilt analog für die aktive, innere Teilnahme an der Eucharistie.

Die Kirche sollte deshalb den Einzelnen und der Gesellschaft helfen, Wege zu finden in eine verantwortliche Freiheit, weil diese Idee auch am ehesten dem biblischen Menschenbild entspricht, angefangen bei der Gottebenbildlichkeit des Menschen bis hin zur Erlösung des Menschen durch den Tod und die Auferstehung Jesu Christi. Eine Aufgabe wäre wirklich, die große Idee der Freiheit in Christus und die Freiheit aller Menschen stärker miteinander in Beziehung zu setzen. Letztlich geht es um eine Erneuerung und Vertiefung der Lehre von der Erlösung. Denn das ist die Kernfrage. Dass Christus uns erlöst hat, ist ja eine zentrale Glaubensaussage. Aber was heißt das? Sünde und Tod haben ihre Macht verloren. Der Mensch ist nicht mehr in sich verschlossen und verkrümmt, sondern wird aufgerichtet durch die Liebe Christi. Wir werden beschenkt mit unzerstörbarem Leben. Diese Wahrheit muss sich auswirken und bewähren in unserem alltäglichen Miteinander, in der Feier der Liturgie, auch im Einsatz der Kirche in Politik, Gesellschaft, Wirtschaft und Kultur. Nur wenn wir fähig werden, neu über Freiheit und Befreiung zu sprechen, werden wir auch evangelisieren können, Zeugnis geben für die Menschen, die auf der Suche sind, und können im Evangelium und im Glauben an Christus einen wirklichen Weg der Befreiung zeigen für sie selbst und ihre (Lebens-)Welt.

Wie sollte jemand Christ werden wollen, wirklich glauben wollen, wenn nicht deutlich wird, wovon er befreit und erlöst wird? Wenn nicht erfahrbar wird und auch vor der Vernunft verantwortbar gezeigt werden kann, dass der Schritt im Glauben ein Schritt in das größere, intensive, freiere, qualitätsvollere Leben ist, kann Evangelisierung nicht gelingen. Ich bin überzeugt, dass das Evangelium der Freiheit ein entscheidender Baustein für eine offene und plurale und humane Gesellschaft ist. Das hat die Kirche kraftvoll einzubringen. Dann ist sie auch missionarische Kirche.

Kirche –
einfach anders?

Kirche muss sich ändern, muss sich anpassen, muss wahrnehmen, was der Zeitgeist ihr sagt, darf kein starres Gebilde sein – sagen die einen. Und die anderen entgegnen: Nein, Kirche muss bleiben, wie sie ist. Kirche ist anders. Sie ist eben zeitlos.

Für mich ist klar: Kirche kann und darf nicht dem Zeitgeist hinterherrennen und sich einfach blind an andere Organisationen, Gesellschaftsformationen und politische Gebilde anpassen. Sie darf nicht verweltlicht werden, um ihren eigenen und eigentümlichen Anspruch nicht aufzugeben. Wer wollte daran zweifeln, dass hier im Kern durchaus etwas Wahres gesagt wird. Aber stimmt es im Ganzen?

Eins ist sicher: Wenn die These von der Andersartigkeit der Kirche überzogen wird, entwickelt man sowohl das tägliche Leben wie auch die Sozialgestalt der Kirche als »Anachronismus«, als neben der Zeit herlaufend, als eine Wirklichkeit, die nur fremd und ohne Vergleich zu anderen Gemeinschaften existieren würde. Diesem Bild liegt ein übertriebener Dualismus zugrunde und er ist gelegentlich geprägt von einer Immunisierungsstrategie, die versucht, die einmal gefundene Sozialform, die einmal entwickelte Organisation zu sakralisieren und damit unangreifbar zu machen. Dass natürlich gerade das Unveränderliche, Andere, Mysteriöse und Fremde bei vielen, besonders auch bei denen, die von außen auf die Kirche schauen, Bewunderung und Interesse hervorrufen, steht auf einem anderen Blatt. Aber es geht ja nicht darum, Wege zu finden, wie die Kirche bestaunt und bewundert wird, sondern ob das Evangelium wirklich zu allen Völkern kommt.

Schon ein kurzer Blick in die Geschichte der Kirche zeigt, dass sie sich in ihrer äußeren Gestalt, in ihren Lebensformen, in ihrer Spiritualität, auch in der Art und Weise ihrer Verkündigung, in der Entwicklung der Dogmen, immer neu auf den Weg gemacht hat, in der Überzeugung, dass Christus selbst seine Kirche leitet und in den unterschiedlichen Kulturen und geschichtlichen Epochen zusammen mit dem Volk Gottes Wege findet, das

Evangelium zur Sprache kommen zu lassen. Das gilt auch für die Liturgie, die in die verschiedenen Sprachen übertragen wurde, es gilt für die »Inkulturation« der Katechese, die vielfältigen Theologien, die verschiedenen Ordensgemeinschaften mit ihren sehr unterschiedlichen spirituellen Ausrichtungen. Das gilt für die dogmatische Entwicklung in der Christologie, in der Lehre von der Kirche, der Gnade, in der rechtlichen Ausgestaltung des kirchlichen Lebens. All das hat sich im Laufe der Jahrhunderte entwickelt und wird sich weiterentwickeln. Die Kirche ist aber der Überzeugung, dass einmal gefundene Wahrheiten in ihrem Niveau nicht unterschritten werden dürfen, sie können aber im Laufe der Zeit besser und tiefer verstanden werden. Auch und gerade im Bereich von Ehe und Familie kann man das zum Beispiel an den lehramtlichen Dokumenten verfolgen. Und das gilt eben auch für die äußere, für die soziale Gestalt der Kirche. Die Geschichte zeigt, dass das Zweite Vatikanische Konzil recht hat mit seiner Aussage, dass die Kirche und die Gesellschaft sich gegenseitig beeinflussen und voneinander lernen. Die Frage ist also nicht, ob dieses Wechselverhältnis und diese gegenseitige Beeinflussung bestehen, sondern wie sie sich vollziehen und wie sie sich ereignen sollten.

Gibt es hier Kriterien, Erkenntnismöglichkeiten, Einsichten, die helfen, Kirche besonders in ihrer äußeren Gestalt weiterzuentwickeln, ohne dass die dogmatische Substanz und das Glaubensgut beeinträchtigt werden? Ohne Zweifel war jedenfalls der heilige Papst Johannes XXIII. in seiner großartigen und berühmten Rede zur Eröffnung des Zweiten Vatikanischen Konzils dieser Meinung:

In der täglichen Ausübung Unseres Hirtenamtes dringen bisweilen betrübliche Stimmen an Unser Ohr, die zwar von großem Eifer zeugen, doch nicht von übermäßigem Sinn für Klugheit und für das rechte Maß zeugen. Sie sehen in den modernen Zeiten nur Unrecht und Niedergang. Sie sagen ständig, unsere Zeit habe sich im Vergleich zur Vergangenheit dauernd zum Schlechteren gewandelt. Sie betragen sich, als hätten sie nichts aus der Geschichte gelernt, die doch Lehrmeisterin des Lebens ist, und als ob zur Zeit der früheren Konzilien alles nur im vollen Triumph der christlichen Lehre, des christlichen Lebens und der rechten Freiheit des Glaubens

vor sich gegangen sei. Doch Wir können diesen Un-
glückspropheten nicht zustimmen, wenn sie nur un-
heilvolle Ereignisse vorhersagen, so, als ob das Ende
der Welt bevorstünde. In der gegenwärtigen Welt-
ordnung führt uns die göttliche Vorsehung vielmehr
zu einer neuen Ordnung der Beziehungen unter den
Menschen. Sie vollendet so durch das Werk der
Menschen selbst und weit über ihre Erwartungen
hinaus in immer größerem Maß ihre Pläne, die
höher sind als menschliche Gedanken und sich nicht
berechnen lassen – und alles, auch die Meinungs-
verschiedenheiten unter den Menschen, dienen so
dem größeren Wohl der Kirche.

Das Gefüge der Kirche dient
dem Geist Christi

Versuchen wir, der Sache noch etwas tiefer auf den
Grund zu gehen. Wenn gesagt wird, die Kirche ist
hierarchisch organisiert und deshalb mit anderen
menschlichen Gemeinschaften nicht vergleichbar,
handelt es sich nur beim ersten Hinsehen um ein
starkes Argument. Bei der hierarchischen Struktur geht es ja um die Ämter in der Kirche und um

die Frage, wie Glaubensentscheidungen zustande kommen. Da ist sicher unbestritten, dass die Ämter ihre Vollmacht nicht »von unten« haben, sondern, im Sinn des unverfügbaren Heils, Gaben des auferstandenen Christus »von oben« sind. In gewisser Weise ist es aber doch eine an der Praxis der Demokratie angelehnte Vorstellung, wenn es um die Frage geht, welche Verfahren und welche Wege möglich sind, um zu Entscheidungen zu kommen im Blick auf Personen und Glaubensüberzeugungen. Dass bei der Nachwahl des Apostels Matthias das Losverfahren angewandt wurde, hat jedenfalls keine Fortsetzung gefunden in der Tradition der Bestellung zum Bischofsamt. Und für die Suche nach der theologischen Wahrheit war es selbstverständlich, auf verschiedene Stimmen zu hören, ehe das kirchliche Lehramt die Diskussion zusammenfasste. Die ganze Lehre von den theologischen Erkenntnisquellen ist hier in Erinnerung zu rufen. Immer ging es und geht es darum, in einem geordneten Gesprächsprozess innerhalb der Kirche, an dem viele beteiligt sind, den Weg in die Zukunft zu finden. Letztlich bleibt es dann die Entscheidung des Papstes und der Bischöfe, die aber nicht willkürlich ist, sondern aufruht auf dem Glaubenssinn des Gottesvolkes (sensus fidelium) und der kirchlichen Gesinnung (sensus Ecclesiae), auf der lebendigen Tradition. Ohne Kommunikation zwischen Lehramt, Theologie und Volk Gottes geht es also nicht.

Auch wie Ämter in der Kirche besetzt werden, ist eine geschichtlich veränderliche Verfahrensfrage, die in unterschiedlichen Kulturen und Gesellschaften je anders organisiert wurde. Und das gilt eben auch für die Sozialgestalt der Kirche. Konzilien sind das beste Beispiel dafür, dass es auch dafür geregelte Verfahren gibt, die sich geschichtlich verändert haben. Hierarchische Organisation bedeutet eigentlich nur die Anerkennung des Wirkens des Heiligen Geistes, der die Kirche in der Wahrheit hält und nicht zulässt, dass sie sich endgültig verläuft.

Souverän in der Kirche ist Gott und nicht das Volk. Das wird wohl kein Theologe infrage stellen. Das bedeutet aber keineswegs, dass die Regelungen für dieses Miteinander nicht sehr starken geschichtlichen und gesellschaftlichen Veränderungen unterworfen sind und auch sein können, ohne dass diese Grundmaxime infrage gestellt wäre. Ein zentraler Artikel aus der Kirchenkonstitution

Lumen Gentium des Zweiten Vatikanischen Konzils soll das noch einmal theologisch verdeutlichen:

Der einzige Mittler Christus hat seine heilige Kirche, die Gemeinschaft des Glaubens, der Hoffnung und der Liebe, hier auf Erden als sichtbares Gefüge verfasst und trägt sie als solches unablässig; so gießt er durch sie Wahrheit und Gnade auf alle aus. Die mit hierarchischen Organen ausgestattete Gesellschaft und der geheimnisvolle Leib Christi, die sichtbare Versammlung und die geistliche Gemeinschaft, die irdische Kirche und die mit himmlischen Gaben beschenkte Kirche sind nicht als zwei verschiedene Größen zu betrachten, sondern bilden eine einzige komplexe Wirklichkeit, die aus menschlichem und göttlichem Element zusammenwächst. Deshalb ist sie in einer nicht unbedeutenden Analogie dem Mysterium des fleischgewordenen Wortes ähnlich. Wie nämlich die angenommene Natur dem göttlichen Wort als lebendiges, ihm unlöslich geeintes Heilsorgan dient, so dient auf eine ganz ähnliche Weise das gesellschaftliche Gefüge der Kirche dem Geist Christi, der es belebt zum Wachstum seines Leibes. (LG 8)

In diesem faszinierenden Text wird das gesellschaftliche Gefüge der Kirche analog verstanden
zur menschlichen Natur Jesu. Für das Geheimnis
der Menschwerdung gilt aber, dass Menschheit
und Gottheit in Jesus nicht getrennt oder halbiert
vorkommen, sondern im Gegenteil: Jesus ist als
ganzer Mensch auch Gottessohn, »ungetrennt und
unvermischt«, wie es das Konzil von Chalcedon
formuliert hat. Die Kirche hat Jahrhunderte gebraucht, um sich zu dieser radikalen Aussage
durchzuringen. Gott hat in seinem Sohn wirklich
die ganze Menschheit angenommen, nicht nur
Teile der menschlichen Natur.

Wenn diese Analogie des Zweiten Vatikanischen Konzils nun angewandt wird auf die Wirklichkeit Kirche, bedeutet das doch, dass der Geist
Christi nur durch das gesellschaftliche Gefüge der
Kirche hindurch wirksam wird, wie auch die Gottheit Christi im Menschen Jesus von Nazareth auf-
geleuchtet ist. Diese hochtheologische Analogie
hat große Auswirkungen auf das Verständnis des
Miteinanders in der Kirche, denn konsequent wei-
tergedacht heißt das: Der Geist Gottes zerstört das
gesellschaftliche Element in der Kirche nicht, sondern führt es in eine neue Perspektive hinein. Und

wie für den Menschen Jesus von Nazareth die Gesetze der menschlichen Natur nicht einfach außer Kraft gesetzt waren, wie schon die Kirchenväter immer wieder betonten (Jesus schlief, hatte Hunger, war erschöpft etc.), so kann auch für die Kirche, insofern sie menschliche Gesellschaft ist, nicht das gesellschaftliche Miteinander völlig anders aussehen als in anderen Gesellschaften. Natürlich muss auch hier differenziert werden, denn der Begriff Gesellschaft führt manche Unklarheiten mit (mehr jedenfalls als der Begriff Mensch). Aber dennoch: Es gibt Erkenntnisse über gesellschaftliches Miteinander, die nicht einfach außer Kraft gesetzt werden können, wenn man Gesellschaft nicht selbst zerstören will.

Diese Erkenntnis prägt ja von Anfang an auch die Katholische Soziallehre, die sich bemüht, Gesellschaft nicht als kollektives Subjekt zu begreifen, sondern von der Person her zu konzipieren. Sie setzt ein Menschenbild voraus, das untrennbar mit dem Personbegriff verbunden ist. Auch von daher kann man hinter bestimmte Erkenntnisse des menschlichen Miteinanders nicht zurückfallen, wenn man nicht jegliche Erkenntnis über gesellschaftliche Zusammenhänge für unmöglich erklären will. Aus der theologischen Erkenntnis der Analogie von ›Menschwerdung und Kirchewerdung‹ ergibt sich zwingend das Fazit: Was für menschliches Miteinander und personenförderndes Zusammenleben in anderen Gesellschaften von der Katholischen Soziallehre gefordert wird, kann im kirchlichen Leben nicht suspendiert werden, wenn man nicht von vorneherein die Kirche zu einer ungeschichtlichen und menschlichen Erkenntnissen unzugänglichen Wirklichkeit erklären will.

Die Kirche ist ein spezifischer Kommunikationszusammenhang und kann soziologisch nur in den Blick kommen, wenn die Soziologie sich dem Selbstverständnis der Kirche stellt und die Ziele des Glaubens der Kirche akzeptiert. Aber diese Bedingung vorausgesetzt, kann Soziologie, vor allem in der Form der Katholischen Soziallehre, die ja die Kirche selbst erarbeitet hat, eine große Hilfe sein, um das reale gesellschaftliche Gefüge der Kirche auch selbstkritisch in den Blick zu nehmen. Insofern ist es völlig legitim, etwa die drei elementaren Prinzipien der Katholischen Soziallehre – Personalität, Solidarität und Subsidiarität – auf das gesellschaftliche Gefüge der Kirche anzuwenden. Ja, es ist geradezu notwendig, wenn die Kirche sich in Analogie zur Menschwerdung Gottes versteht. Insofern ist Personalität, zu der die Implikationen Freiheit, Verantwortlichkeit, Offenheit für Transzendenz, Menschenwürde etc. gehören, auch für das kirchliche Miteinander unbedingt zu fordern. Das gesellschaftliche Miteinander in der Kirche muss auf die Entfaltung der Person in allen Dimensionen angelegt sein, denn nur die einzelnen Personen können durch ihre Antwort auf das Wort und Ereignis Gottes zur Kirche werden. Dasselbe gilt für das Prinzip der Solidarität. Die Kirche muss dieses Prinzip für ihre konkrete gesellschaftliche Ausgestaltung wie für ihre Wirksamkeit in der Welt berücksichtigen.

Das Subsidiaritätsprinzip der Katholischen Soziallehre ist nur verständlich vom grundsätzlichen Ansatz bei der Person her. Es geht um das Verhältnis von Individuum und Gesellschaft, kleiner Gemeinschaft und sie umgreifender Gesellschaft. Klassisch definiert wird das Subsidiaritätsprinzip in der Enzyklika *Quadragesimo anno* (1931):

Wenn es nämlich auch zutrifft, was ja die Geschichte deutlich bestätigt, dass unter den veränderten Ver-

hältnissen manche Aufgaben, die früher leicht von
kleineren Gemeinwesen geleistet wurden, nur mehr
von großen bewältigt werden können, so muss doch
allzeit unverrückbar jener höchst gewichtige, sozial-
philosophische Grundsatz festgehalten werden, an
dem nicht zu rütteln noch zu deuten ist: Wie das-
jenige, was der Einzelmensch aus eigener Initiative
und mit seinen eigenen Kräften leisten kann, ihm
nicht entzogen und der Gesellschaftstätigkeit zuge-
wiesen werden darf, so verstößt es gegen die Gerech-
tigkeit, das, was die kleineren und untergeordneten
Gemeinwesen leisten und zum guten Ende führen
können, für die weitere und übergeordnete Gemein-
schaft in Anspruch zu nehmen; zugleich ist es über-
aus nachteilig und verwirrt die ganze Gesellschafts-
ordnung. Jede Gesellschaftstätigkeit ist ja ihrem
Wesen und Begriff nach subsidiär; sie soll die Glie-
der des Sozialkörpers unterstützen, darf sie aber
niemals zerschlagen oder aufsaugen. (QA 79)

Natürlich muss sich dieser sozialphilosophische
Grundsatz unter veränderten geschichtlichen und
gesellschaftlichen Bedingungen je neu auslegen
lassen und ist für die Aufnahme neuer human-
und sozialwissenschaftlicher Erkenntnisse offen.

Die Anwendung dieses Prinzips kann also nur im je neuen konstruktiven Dialog geklärt werden. Im Übrigen ist das Subsidiaritätsprinzip das einzige, dessen Anwendbarkeit auf die Kirche 1946 formell und ausdrücklich von Pius XII. geklärt wurde. Diese lehramtliche Bestätigung der Anwendung eines Sozialprinzips auf das Leben und Miteinander der Kirche erklärte zum ersten Mal öffentlich, dass die Kirche nicht nur, aber auch ein gesellschaftliches Gebilde ist, das in seiner inneren Struktur und Organisation Erkenntnissen der Human- und Sozialwissenschaften nicht widersprechen darf. Die theologische Debatte, die sich mit Unterbrechungen an diese Worte Pius' XII. anschloss, hat zu dem Ergebnis geführt, »dass alle gesellschaftlichen Prinzipien auch in der Kirche Geltung haben«, wie es Kardinal Walter Kasper 1987 formuliert hat. Die Kritiker haben nicht bedacht, dass es sich hier um einen sozialphilosophischen Grundsatz handelt, der mit der Personalität des Menschen zusammenhängt und nicht einfach im Sinn einer politischen Demokratie interpretiert werden darf.

Prinzipien sozialen Lebens

Natürlich ist damit die konkrete Ausfaltung dieses und aller anderen Prinzipien des sozialen Lebens nicht ein für alle Mal festgelegt, sondern dem geschichtlichen Wandel unterworfen und begrenzt durch das dogmatische Selbstverständnis der Kirche, das dann jeweils sehr genau theologisch begründen muss, warum die auch von der Kirche begründeten Prinzipien gesellschaftlichen Miteinanders in einzelnen Punkten auf die Kirche nicht anwendbar sein sollen. Festzuhalten ist:

Für die sichtbare Gestalt der Kirche, gleichsam das greifbare Zeichen, gilt voll und uneingeschränkt das Subsidiaritätsprinzip. Die dahinterliegende geistliche, transzendente Realität wird davon weder beeinträchtigt noch überhaupt betroffen. In diesem Zusammenhang geht es aber einzig und allein um den organisatorischen Aufbau der Kirche. Dieser besitzt keinen Eigenwert, sondern hat subsidiär dem personalen Wohl der in der Kirche vereinten Menschen zu dienen, d.h. ihrem geistlichen Wohl.

So hat es Walter Kerber SJ schon 1984 formuliert und auf die knappe Zusammenfassung gebracht: »Die Kirche ist für den Menschen da, und nicht der Mensch für die Kirche.« Es ist wichtig, von der Katholischen Soziallehre her das kirchliche Miteinander zu diskutieren und auch, wenn es sein muss, infrage zu stellen. Es widerspricht auch der theologischen Erkenntnis, wenn das gesellschaftliche Miteinander in der Kirche unter dem Niveau dessen bleibt, was sonst für ein menschenwürdiges Miteinander in der Gesellschaft zu Recht verlangt und erwartet wird. Auch für die Kirche in ihrer konkreten gesellschaftlich greifbaren Gestalt gelten die grundsätzlichen anthropologischen Orientierungen, die sie für andere Sozialgebilde fordert. Zentraler Bezugspunkt bleibt dabei ein personaler Ansatz, wie er vom Konzil in der Pastoralkonstitution *Gaudium et Spes* theologisch ausgebaut wurde. Ob und wie im Blick auf diesen Maßstab im gesellschaftlichen Miteinander der Kirche Defizite festzustellen sind, ist im offenen kirchlichen Kommunikationsprozess zu klären.

Das entspricht auch der Communio-Ekklesiologie des Zweiten Vatikanischen Konzils, denn Communio ist ja ein »personaler Akt«; genau wie die vom Konzil geforderte Kollegialität hat sie eine »effektive« und eine »affektive« Seite, ist also Gestaltungsaufgabe und bleibt dennoch auch immer Gabe Gottes. Communio muss sich im gesellschaftlichen Miteinander in der Kirche ausweiten. Sie hat eine sozialethische Dimension im Sinn der je neuen Überprüfung von Strukturen und Organisationsformen in der Kirche. Um das Sakrament Kirche wirklich zum Tragen zu bringen, muss dies im menschlichen Miteinander sichtbar werden, und deshalb kann die Kirche in ihrem eigenen menschlichen Miteinander nicht unter den von ihr selbst propagierten Grundnormen personalen Zusammenlebens bleiben. Die Prinzipien der Katholischen Soziallehre zielen als personale Prinzipien die personale Entfaltung des Menschen an. Insofern ist eine Anwendung dieser Prinzipien im Bereich der Kirche hingeordnet auf ein richtig verstandenes »subjektorientiertes Kirchenverständnis«, wie es Johann Baptist Metz und Franz-Xaver Kaufmann formuliert haben. Daraus ergibt sich ein nicht nur vom einzelnen guten Willen abhängiges, sondern auch organisatorisch greifbar zu machendes neues Miteinander von Gesamtkirche, Ortskirche, von Priestern und Laien usw.

Ich will die Konsequenzen noch einmal bündeln, die sich aus dieser theologischen Grundlegung ergeben:

- Das Miteinander in der Kirche braucht Regeln, die aber geschichtlich veränderbar sind, wenn sie auch den grundlegenden Zielen des Neuen Testaments immer genügen müssen.
- Die Analogie zwischen Menschwerdung und Kirchewerdung führt zu der Erkenntnis: So wie die Wirklichkeit Gottes im Menschen Jesus von Nazareth greifbar wurde, so wird auch die Wirklichkeit des Geistes in der ganz menschlichen Gemeinschaft der Kirche greifbar.
- Daraus folgt, dass die Kirche nicht einfach ganz anders ist als andere menschliche Gemeinschaften, sondern in ihrem Miteinander den Erkenntnissen menschenwürdigen Zusammenlebens genügen muss.
- Die Katholische Soziallehre mit ihren Prinzipien kann auch Anwendung finden im innerkirchlichen Bereich, denn sie entspricht einem realistischen Menschenbild.
- Unbeschadet des dogmatischen Selbstverständnisses der Kirche können also für das gesellschaftliche Miteinander alle Prinzipien und For-

derungen der Katholischen Soziallehre in entsprechender Weise auf das kirchliche Miteinander angewandt werden und müssen es sogar.

– Das bedeutet: Das Miteinander in der Kirche hat sozialethischen Kriterien zu genügen, die in Ordnungen zu gießen sind, die dem Menschen als Person dienen und die Offenheit für den sich offenbarenden Gott bezeugen.

Es ist ein theologischer Irrweg, das gesellschaftliche Miteinander in der Kirche gegen jede Vernunfterkenntnis als Sonderwelt zu konzipieren, es sei denn, man schlägt der Kirche den Weg vor, eine Sekte zu werden. Das aber wäre mit dem universalen Anspruch des Heils unvereinbar. Wichtig ist daher, dass ohne jede Angst und Scheu an diesem Miteinander gearbeitet wird, was in der Konsequenz auf jeden Fall mehr Subsidiarität, mehr Partizipation aller, mehr Delegation bedeutet. Es reicht nicht, einfach individualethisch bessere Gesinnung in der Kirche zu fordern. Das ist sicher eine wichtige Voraussetzung. Aber es muss auch in Rahmenbedingungen, Organisationsformen und Strukturen erkennbar sein, dass die Kirche, insofern sie Gesellschaft ist, nicht unter dem

Niveau dessen bleibt, was sie von anderen Gesellschaften fordert.

Kirche ist also nicht einfach nur anders. Sie ist vergleichbar mit anderen menschlichen Gemeinschaften. Aber ungetrennt und unvermischt wirkt in ihr durch die Personen hindurch der Geist Gottes. Und so wie die Erkenntnisse der Vernunft, die sich auch im Bereich der Katholischen Soziallehre niedergeschlagen haben, dazu führen, menschliche Gemeinschaften anders zu organisieren mit Partizipation, mit Beteiligung, neuen Formen der Organisation, Transparenz, Verantwortlichkeit usw., so darf die Kirche in der eigenen Sozialgestalt nicht dahinter zurückbleiben, weil sie sonst einfach einen bestimmten Punkt der Geschichte des Volkes Gottes für den letzten Punkt dieser Geschichte ansehen würde.

Kirche ändert sich

Dass die Kirche »immer den Weg der Buße und Erneuerung« (LG 8) gehen muss, ist ein ständig wiederholtes Wort. Voraussetzung ist eine Bereitschaft zur Diskussion und der Mut, offen und mit theologischer Kompetenz über den weiteren Weg und die Veränderungsmöglichkeiten und -notwendigkeiten zu sprechen. Und natürlich kann es nicht darum gehen, eine so große, komplexe Gemeinschaft und Organisation wie die Kirche in ihrer geschichtlich gewachsenen Form ständig infrage zu stellen. Es geht um einen langsamen, aber stetigen Weg der Erneuerung, wie er in der Kirchengeschichte immer wieder, besonders aber durch das Zweite Vatikanische Konzil, Schritt für Schritt in Gang gekommen ist.

Wichtig ist vor allem, dass die Verantwortlichen in der Kirche auch offen sind für Erkenntnisse aus dem Bereich der Theologie, ja auch aus den anderen Wissenschaften, besonders den Humanwissenschaften. Das gilt insbesondere im Bereich der normativen Verkündigung, in der Moraltheologie, in der Soziallehre und in der Verbesserung der eigenen Organisations- und Arbeitsweise. Dabei liegen die Instrumente einer solchen Erneuerung durchaus auf der Hand, und Papst Franziskus hat das in *Evangelii Gaudium* und auch in weiteren Äußerungen sehr deutlich gemacht. Der Weg der Erneuerung kann nur in einem neuen Miteinander, im Hören auf das Evangelium und in einer verstärkten, synodalen Suchbewegung gefunden werden. Es ist nicht unstatthaft, die Kirche so auch als eine »lernende Organisation« zu begreifen. Ich will dazu im Blick auf die Theologie, die Spiritualität und die Strukturen einige Hinweise geben.

Theologische Erneuerung

Das Christentum hat von Anfang an Theologie hervorgebracht, hat das eigene Glaubensleben, die eigene Praxis also kritisch wissenschaftlich reflektiert. Für die Zukunft ist das von außerordentlicher Bedeutung. Nur – jedenfalls soziologisch gesprochen – einer Religion, die selbstreflexiv ist, sich den Ansprüchen der Vernunft stellt und das eigene

Wirken immer wieder überprüft und weiterentwickelt, gelingt es Prägungskraft zu entfalten – und zwar nachhaltig. Die katholische Kirche hat ja die große Chance, ein internationales theologisches Netzwerk aufzubauen, katholische Universitäten weltweit miteinander zu verbinden, das Niveau der theologischen Forschung überall im Blick zu behalten und vor allem auch darauf zu achten, dass die Kommunikation zwischen dem Lehramt und der Theologie ebenso lebendig bleibt wie zwischen der Theologie und dem ganzen Volk Gottes.

Diese Aufgabe wäre besonders auch von den Bischöfen und vom Papst wahrzunehmen. Es geht nicht nur um die Überprüfung der Rechtgläubigkeit, sondern vor allem auch um die Unterstützung des Niveaus, der Qualität. Der Dienst des Bischofs, auch der des Pfarrers, und erst recht das gemeinsame Wirken der Bischöfe mit dem Papst auf einer weltkirchlichen Ebene, braucht eine verlässliche und ständige Verbindung mit der theologischen Wissenschaft. Denn Erneuerung bedeutet auch einen neuen Blick auf theologische Erkenntnisse und die Bereitschaft, daraus Konsequenzen zu ziehen in der Art und Weise der lehramtlichen

Verkündigung, wie es das Zweite Vatikanische Konzil getan hat.

Ich bin immer wieder fasziniert davon, die Geschichte dieses Konzils zu studieren. Vor allem ist es eben doch der Beitrag der Theologie, der die Qualität der Texte stark geprägt hat. Dazu kommen die Bereitschaft der Bischöfe, sich intensiv mit diesen theologischen Fragen zu beschäftigen, und natürlich auch der Raum für den geistlichen Streit, für das Ringen. All das beeindruckt mich sehr, wenn ich auf die Abschnitte und die intensiven Debatten des Konzils schaue. Die großen theologischen Kapazitäten der Zeit – auch die, die kurz vorher noch von manchen als völlig untragbar abqualifiziert waren – haben an der Erarbeitung der Dokumente teilgenommen. Die Wirkung des Konzils bis heute sagt auch etwas aus über die Qualität der Arbeit und der Dokumente.

Ein Beispiel aus meiner Praxis: Nach der ersten Phase der Familiensynode 2014 habe ich mich mit einigen Theologen getroffen, um die Situation mit ihnen ausführlich zu besprechen. Und zusammen mit den Vorsitzenden der Französischen Bischofskonferenz und der Schweizer Bischofskonferenz haben wir mit Theologinnen und Theologen getagt zur Vorbereitung auf die Synode 2015. Ich wiederhole: Ohne eine intensive theologische Vergewisserung können wir als Bischöfe und die Kirche insgesamt den Weg in die Zukunft nicht gehen.

Spirituelle Erneuerung

Neben einer theologischen Erneuerung und Vertiefung geht es auch um eine geistliche Erneuerung, und diese vollzieht sich schon jetzt in vielfältiger Weise. Vor allem geht es darum, dass die Gläubigen den Schatz neu begreifen, der ihnen mit Taufe und Firmung geschenkt ist. Es geht um die Entdeckung der Innerlichkeit für alle Christinnen und Christen, um die Erkenntnis und Erfahrung, dass jeder und jede einbezogen ist in die persönliche Liebesbeziehung mit dem Dreifaltigen Gott. Das ist eigentlich gemeint mit dem berühmten Wort von Karl Rahner, dass der Christ der Zukunft ein Mystiker sein wird oder nicht mehr sein wird.

Mystiker, was soll das bedeuten? 2015 feiern wir den 500. Geburtstag der heiligen Teresa von Avila (1515–1582), einer Mystikerin. Es ist ein gutes Zeichen, dass das Interesse an ihrer Person und an ihren Schriften rasant zunimmt. Sie ist eine große Lehrerin und Meisterin der Mystik, die eigentlich der Raum des inneren Betens ist. In einfachen Worten beschreibt Teresa von Avila, was sie damit meint:

... nach meiner Meinung ist inneres Beten nichts anderes als Verweilen bei einem Freund, mit dem wir oft allein zusammenkommen, einfach um bei ihm zu sein, weil wir sicher wissen, dass er uns liebt. (DAS BUCH MEINES LEBENS 8,5)

In diesen Raum der Innerlichkeit ist das ganze Volk Gottes gerufen, vor jeder Unterscheidung zwischen Priestern und Laien. Ja, die Priester haben die Aufgabe, das Volk Gottes anzuleiten, in diesen Raum der Freiheit einzutreten. Nur Menschen, die im Gebet verwurzelt sind, können dann auch in rechter Weise Kirche und Gesellschaft so mitgestalten, dass es nicht nur um politische Projekte, um Interessen der Macht und der Wirtschaft geht, sondern darum, den Raum zu schaffen für die neue Schöpfung, für das in Christus angebrochene österliche Leben, das sich auswirkt auf alle

Bereiche der Gesellschaft. Dieses geistliche Leben aller ist dann auch der Weg zu einer größeren Partizipation, zur Neuentdeckung synodaler Wege im Leben der Kirche. So werden alle zu Subjekten im Leben und Wirken der Kirche und eine falsche »Ständeordnung«, die strikt unterscheidet zwischen Priestern und Laien, kann überwunden werden hin auf ein neues Miteinander.

Wie schwer und wie neu zugleich war es zum Beispiel im Rahmen der Kurienreform, einen gemischten Rat von Laien und Kardinälen für die wirtschaftlichen Fragen des Heiligen Stuhls zu installieren. Bis heute gibt es hier auf allen Ebenen der Kirche Widerstände, die aber theologisch nicht haltbar sind. Es geht aus geistlichen und theologischen Gründen um eine Deklerikalisierung der Macht, die endlich auch ermöglicht, viel mehr Frauen in Führungspositionen der Kurie und der Diözesen weltweit zu bringen. Grundlage dafür ist die Berufung aller Getauften zur Gestaltung von Kirche und Welt. Alle nehmen teil am Wirken für das Reich Gottes. Dafür steht auch der Raum des inneren Betens, in dem alle Subjekte werden.

Auch in diesem Feld gehören Mystik und Politik zusammen. Dass diese Mystik, wie es Johann Baptist Metz gesagt hat, zu einer »Mystik der offenen Augen« führt, ergibt sich aus der Geschichte der Spiritualität, aus dem Leben der Kirche, der geistlichen Gemeinschaften und auch der Ordensgemeinschaften. Immer kommt aus der tiefen Erfahrung der Begegnung mit dem befreienden, tröstenden und heilenden Gott der Blick auf die Armen, Verwundeten, Schwachen, auf die unerlöste Welt. Vielleicht ist ein vertieftes Verständnis von geistlichem Leben und Gebet tatsächlich der Schlüssel für den Weg der Erneuerung.

Ich bin überzeugt: Die neue Epoche des Christentums wird auch eine Epoche der Neu-Entdeckung des Gebetes, der Innerlichkeit, der Mystik sein. So wird erst ein neuer Blick möglich auf die Reform der Kirche und die Veränderung der Welt als eine Aufgabe der ganzen Kirche.

Strukturelle Erneuerung

Neben der theologischen Erneuerung, der geistlichen Erneuerung, geht es aber auch um Institutionen, um Strukturen, die erneuert werden müssen. Denn das Wort ist nicht Idee geworden, sondern Fleisch. Das Geheimnis der Inkarnation, also der Menschwerdung, und die analoge Übertragung auf die Kirche weist uns auf den Weg der konkreten Gestaltung der Kirche als Gesellschaft. »Der Geheimnischarakter hebt den Sozialcharakter der Kirche nicht auf«, so hat es Kardinal Kasper einmal gesagt. Und die Erkenntnisse der Katholischen Soziallehre – aber auch anderer Wissenschaften im Blick auf die Funktionsweise von Gesellschaften, auf das Miteinander in einer Gemeinschaft, auf die Art und Weise, wie gemeinsam Ziele erreicht werden können –, all diese Überlegungen dürfen nicht einfach beiseitegeschoben werden mit dem Hinweis, das habe mit Theologie nichts zu tun.

Natürlich darf immer wieder gefragt werden: Ist hier die Substanz der Glaubenslehre berührt oder nicht? Aber das ist in Fragen der Organisation, der äußeren Gestalt des kirchlichen Lebens eher selten der Fall, wie auch der Kodex des kanonischen

Rechts nicht mehrheitlich aus göttlichem Recht besteht, sondern aus menschlich gesetztem Recht. In diesem Sinn ist eine Erneuerung der synodalen Elemente, wie ich oben angedeutet habe, nicht nur möglich, sondern sehr wünschenswert und nach dem Konzil ja auch – allerdings nicht immer konsequent – entwickelt worden. Dieser Weg muss weitergehen. Auch Papst Franziskus hat den Synoden ein neues Gewicht gegeben.

1998 nahm ich als junger Weihbischof als europäischer Vertreter an der Asien-Synode teil und wurde in einer französischsprachigen Gruppe zum Berichterstatter gewählt. Deswegen konnte ich bei der Zusammenstellung der sogenannten »Praepositiones«, also Vorschläge, dabei sein, weil ich Protokoll führen musste. Und immer wieder tauchte in den Vorschlägen das Thema Subsidiarität auf – schon damals. Die Ortskirchen empfanden das als eine dringende Anfrage. Aber die Verantwortlichen in der Synodenleitung sagten mir seinerzeit: Das Thema Subsidiarität könne man nicht aufnehmen, dazu läge ein Gutachten vor, dass der Begriff für die Kirche nicht tauge. Offensichtlich gab es ja diese Diskussion schon auf der Synode 1985, 20 Jahre nach dem Zweiten Vatikanischen Konzil, und tatsächlich ist wohl damals der Auftrag ergangen, den Begriff theologisch weiter zu prüfen. Offiziell jedenfalls gab es kein Dokument dazu und keine öffentliche Debatte. Das Ganze ist dann im Sande verlaufen, ohne dass das Thema der Subsidiarität, wie wir heute wissen, dadurch beendet werden konnte. Ich musste dem damals zuständigen Kardinal jedenfalls eingestehen, dass ich in meiner Doktorarbeit genau das behauptet habe: dass nämlich alle Prinzipien der Katholischen Soziallehre auch auf die Organisation der Kirche anwendbar seien, unbeschadet der hierarchischen Verfassung der Kirche.

Die Geschichte der Kirche und der theologischen Auseinandersetzungen ist weitergegangen und ich selbst habe als Bischof eine Menge Erfahrungen machen können und auch machen müssen. Und dennoch bin ich der Überzeugung, dass zu wenig bewusst ist, wie sehr die Kirche eine Gesellschaft ist wie andere auch, ohne dass wir in irgendeiner Weise ihre besondere Aufgabe relativieren oder zur Disposition stellen. Für mich bleibt dabei das Geheimnis der Menschwerdung entscheidend, das eben in analoger (!) Weise auf die Kirche als Gemeinschaft und Gesellschaft bezogen wird

(VGL. LG 8). Der Ausgangspunkt der Soziallehre der Kirche ist der Mensch und das, was dem Menschen dient. Er ist Träger und Subjekt aller gesellschaftlichen Einrichtungen. Wenn wir also der Überzeugung sind, dass die Prinzipien der Katholischen Soziallehre anwendbar sind auch auf das gesellschaftliche Gebilde der Kirche, dann bleibt die Leitfrage: Dienen die kirchlichen Institutionen und Einrichtungen dem Menschen in seiner ganzheitlichen Ausrichtung einschließlich seiner göttlichen Berufung? Denn die Prinzipien der Soziallehre sind auf den Menschen bezogen, auf die Person, auf die Würde der Person, die Rechte der Person, die Entfaltung der Person. Warum sollte das in der Kirche anders sein?

Als junger Priester hat mich der Satz von Johannes Paul II. begeistert, dass der »erste und grundlegende Weg der Kirche« der Mensch ist (*Redemptor Hominis* 14). Und das gilt auch für die soziale Gestalt der Kirche selbst. Für eine Reform der Kirche im Blick auf ihre äußere Sozialgestalt und auf ihr Miteinander wäre also, wie ich schon vor 25 Jahren gefordert habe, ein intensiveres Gespräch zwischen fundamentaltheologischer Ekklesiologie und Katholischer Soziallehre in Bezug auf das Sozialgebilde Kirche notwendig, damit mögliche und notwendige Veränderungen den Menschen in seinem irdischen Wohl und sein ewiges Heil im Blick behalten. So gilt der Satz des Zweiten Vatikanischen Konzils – »Wurzelgrund nämlich, Träger und Ziel aller gesellschaftlichen Institutionen ist und muss auch sein die menschliche Person, die ja von ihrem Wesen selbst her des gesellschaftlichen Lebens durchaus bedarf« (GS 25) – auch für die Kirche selbst.

Die Personalität des Menschen gründet letztlich in seiner Gottebenbildlichkeit und in seiner Gottesbeziehung, aber die Verwirklichung dieser Beziehung, die Aktivierung des Subjektes auf die Entfaltung der Person hin, ist im Dienst der Kirche, etwa in der Pastoral und in der Spendung der Sakramente, im Blick zu behalten. Was die Kirche tut, soll ja den Menschen helfen, wirklich real zum Träger von Freiheit, Verantwortlichkeit und Gottesbeziehung zu werden. Das muss sich in den unterschiedlichen gesellschaftlichen, kulturellen und geschichtlichen Situationen dann immer wieder neu zeigen. Es scheint mir nicht genügend zu sein, nur im engeren Sinne theologisch über den Glaubenssinn (sensus fidelium) mit Verantwortung al-

ler, Sendung des ganzen Gottesvolkes usw. nachzudenken, ohne die Erkenntnisse der Sozialwissenschaften, in besonderer Weise die Erfahrung
der Katholischen Soziallehre, mit einzubringen in
die Überlegungen zur Verlebendigung und Erneuerung des kirchlichen Lebens, das auf die Entfaltung der Person bezogen sein muss.

Ähnliches gilt für das Prinzip der Solidarität,
das sich nicht nur auf die Caritas bezieht, sondern
auf die strukturelle Verbundenheit in der Kirche.
Dann kann man sagen: Vom Indikativ, von der
Zusage der gegebenen Solidarität her, muss sich
dann aber auch ein Imperativ des solidarischen
Handelns entwickeln. Was das wirklich bedeutet,
ist noch zu erfahren: Ein Volk aus vielen Völkern
zu sein, das in einer engen Solidarität miteinander verbunden ist, im Sinne des heiligen Paulus:
»Wenn darum ein Glied leidet, leiden alle Glieder
mit; wenn ein Glied geehrt wird, freuen sich alle
anderen mit ihm« (1 Kor 12,26). Das ist weiterhin
eine große Aufgabe in einer global zusammenwachsenden Welt. Vieles ist anfanghaft da, aber
ich kann nicht sagen, dass eine solidarisch-struk-
turierte Weltkirche wirklich schon Realität wäre.
Was wäre das für ein Zeichen für die ganze Welt,

die im Begriff ist, das Konzept der Nationalstaaten immer mehr hinter sich zu lassen!? Umso mehr braucht es andere weltweite Vernetzungen in Politik und Wirtschaft. Die Kirche ist hier gemäß ihrem Auftrag ein Instrument der solidarischen Einheit aller Menschen, ein wichtiger Akteur um des Menschen willen.

Subsidiarität:
Ein Raum zur Entfaltung

Besonders intensiv wurde und wird immer wieder das Subsidiaritätsprinzip diskutiert, sowohl in politischen und gesellschaftlichen Organisationen wie auch in der Kirche. Die Ablehnung des Begriffs war und ist verbunden mit der Angst, hier könne die Einheit der Kirche gefährdet werden, die man nur in einer eher zentralisierten Organisation für vorstellbar hält. Aber eine zentralisierte Organisation, erst recht im Sinne einer Weltorganisation, ist eher eine schwache Organisation. Sie überfordert sich selbst mit den notwendigen Kontrollen und Abstimmungsüberprüfungen. Eine starke Organisation ist eine, die das Subsidiaritätsprinzip ernst nimmt, wie ich schon im vorigen Kapitel dargestellt habe. Gerade wenn die Kirche noch mehr Weltkirche werden will, muss sie dezentral und subsidiär aufgebaut sein. Eine zentrale oder sogar zentralistische Struktur gefährdet die Einheit, wie auch eine Struktur, die in wesentlichen Inhalten und Formen nicht zu einem gemeinsamen Zeugnis findet. Was aber ist das Wesentliche? Was ist Aufgabe der Ortskirchen? Darüber muss weiter intensiv gesprochen werden.

Das Subsidiaritätsprinzip ist nicht einfach ein Delegations- und Dezentralisierungsprinzip, sondern es will dem Einzelnen und den kleinen Gemeinschaften den Raum zur Entfaltung geben und respektieren, dass das Leben der Kirche nicht einfach von oben nach unten organisiert ist wie eine Pyramide, sondern wie ein Ineinander und Miteinander vieler Gemeinschaften, Gruppen, Organismen, die durch den Heiligen Geist zusammengehalten werden, wofür dann letztlich der Papst und die Bischöfe in ihrem Amt der Einheit stehen. Aber der Raum der Entfaltung sollte groß sein.

Ich weiß, dass das im Einzelnen eine schwierige Debatte ist. Was soll ein Bischof oder eine Bischofskonferenz entscheiden? Was soll in Rom festgelegt werden? Was können die Pfarreien, die Ordensgemeinschaften in ihrer Verantwortung tun, weil sie ja auch Träger der Sendung der Kirche sind? Für eine Anwendung der Prinzipien der Soziallehre sind sicher auch notwendig ein gemeinsamer Geist, Vertrauen, klare Rahmenbedingungen, die einzuhalten sind, auch eine gewisse Kontrolle im Sinne einer positiven Begleitung, aber in allem doch ein großes Vertrauen auf die Dynamik des Geistes, der diese manchmal unübersichtliche Vielfalt des kirchlichen Geschehens zusammenhält. Dann kann auch das Dienstamt des Papstes und der Bischöfe als eine wunderbare, große Gabe des Herrn an seine Kirche gesehen werden, und nicht in falscher Weise als Herrschaft oder als Zentralisierung von Macht.

Im Grunde geht es auch bei der Frage der Kurienreform, an der ich zusammen mit anderen Kardinälen arbeite, um diese Fragen. Und ich hoffe sehr, dass das Subsidiaritätsprinzip und die anderen Prinzipien eine Rolle spielen werden in der neuen Konstitution. Wir sind uns jedenfalls einig, dass es ein neues und letztlich dann auch besseres Verhältnis von Ortskirche und Zentrale geben kann und muss. Aber natürlich müssen die Ortskirchen auch in der Lage sein, ihre Aufgaben wahrzunehmen. Die Diskussionen darüber sind in vollem Gange und wir werden sehen, wie sich die Reform weiter entwickelt. Aber natürlich gibt es auch viele, die dieses Denken für abwegig und gefährlich halten. Um den Weg wird weiter gerungen.

Es ist gut, dass wir uns in all diesen Bemühungen auf die Texte des Zweiten Vatikanischen Konzils beziehen können und müssen, die das Fundament für den weiteren Weg der Kirche bleiben, wie es Paul VI., Johannes Paul II., Benedikt XVI. und Franziskus immer wieder betont haben. Ich bin sehr dankbar, dass wir diese großen Texte haben, die wir vielleicht heute nicht mehr oder nicht so zustande bekämen. Besonders im Blick auf das Verhältnis von Ortskirche und Universalkirche ist hier vieles grundgelegt, muss aber auch weiter entfaltet werden. Dabei bleibt die Einheit der Bischöfe untereinander und mit dem Papst ein zentraler Punkt. Aber die Ortskirchen sind eben keine »Filial-Kirchen« der Universalkirche. Und die römische Kirche ist nicht die Universalkirche. Es gibt nicht die pyramidale Struktur, sondern es ist ein In- und Miteinander, ein lebendiger Organismus.

Die kollegiale Einheit tritt auch in den wechselseiti-
gen Beziehungen der einzelnen Bischöfe zu den Teil-
kirchen wie zur Gesamtkirche in Erscheinung. Der
Bischof von Rom ist als Nachfolger Petri das immer-
während, sichtbare Prinzip und Fundament für die
Einheit der Vielheit von Bischöfen und Gläubigen.
Die Einzelbischöfe hinwiederum sind sichtbares
Prinzip und Fundament der Einheit in ihren Teilkir-
chen, die nach dem Bild der Gesamtkirche gestaltet
sind. In ihnen und aus ihnen besteht die eine und
einzige katholische Kirche. Daher stellen die Einzel-
bischöfe je ihre Kirche, alle zusammen aber in Ein-
heit mit dem Papst die ganze Kirche im Band des
Friedens, der Liebe und der Einheit dar. (LG 23)

Das ist im Grunde der zentrale Text auch für die
Kurienreform.

Qualitative Erneuerung

Aber die großen Fragen der Reform müssen sich
auch im Alltäglichen bewähren. Auch dazu möchte
ich einige Hinweise geben, etwa hinsichtlich der
strukturellen Reformen. Die Diskussion um den

sexuellen Missbrauch in der Kirche hat auch klargemacht, dass ein Mangel auch eine fehlende konsequente Personalverwaltung ist, die in früheren Generationen manchmal ein höheres Niveau hatte als heute. Wie überhaupt die Fragen der Verwaltung nicht unwichtig sind. Nachlässigkeit in diesem Bereich, das hat sich gezeigt, hat verheerende Auswirkungen und schadet der Glaubwürdigkeit der Kirche und damit der Evangelisierung. Kern des Problems war mangelnde Transparenz, Selbstimmunisierung, systemimmanente Abschottung vor anderen, mangelnde Aufsicht und Personalführung, klerikale Sonderwelten und in allem und vor allem Schutz der Institution. Die Folgen sind bis heute nicht ganz aufgearbeitet und werden in vielen Ländern noch erhebliche Verwerfungen hervorrufen. Eine Erneuerung der Kirche bedeutet deshalb auch in gewisser Weise eine Erneuerung der Disziplin und keine »Lockerung der Sitten«. Im Gegenteil! Es geht darum, Verwaltung auch als eine qualitative Aufgabe zu verstehen. Eine Erneuerung der Disziplin bedeutet nicht einfach eine Verschärfung, sondern eine Sicherung der Qualität der Arbeit. Es bedeutet im guten Sinne ein »Controlling«, damit frühzeitig Fehlentwicklungen gesehen werden können. Hier kann auch von moderner Personalführung in Unternehmen viel gelernt werden. Der Umgang mit dem Missbrauchskandal hat uns da neu aufgerüttelt und sensibel gemacht für eine ordentliche, stringente Personalverwaltung und Personalführung, einschließlich einer Sicherung der Qualität der pastoralen Arbeit. Auch in diesen Punkten kann man einiges von »der Welt« lernen. Und das alles eben aus theologischen und spirituellen Gründen; nicht weil die Welt es fordert, sondern weil wir es den Opfern schuldig sind.

Ähnliches gilt auch für den Umgang mit den Finanzen. Das Vermögen der Kirche ist da für die Armen und die Evangelisierung. Daran erinnert Papst Franziskus immer wieder. Dass auch hier Aufsicht und möglichst große Transparenz und effiziente Verwaltung auf allen Ebenen der Kirche – in Rom, auf der Ebene der Bistümer, in den Orden und Gemeinschaften – von außerordentlicher Bedeutung sind, liegt auf der Hand. Aufsicht, Kontrolle, Transparenz, objektive externe Beratung und Überprüfung, Einbeziehung von Laien und Experten – das alles muss eine Selbstverständlichkeit werden. Hier müssen wir besser werden und lernen! So wie wir es in den Bistümern in Deutschland Schritt für Schritt umsetzen wollen und auch im Rahmen der Kurienreform anstreben, etwa durch die neue Finanzverfassung. Im Blick auf die Weltkirche ist das noch ein langer Weg, aber er muss besonders vom Papst und den Bischöfen her systematisch und nachhaltig vorangetrieben werden. Auch das gehört zur Erneuerung der Kirche. Wie sollte eine Kirche der Gesellschaft Weisung geben können, die in ihrem eigenen Bereich eine schlampige Verwaltung, einen nachlässigen Umgang mit Geld, eine inkompetente Personalarbeit hätte? Erneuerung der Kirche ist nicht nur eine Sache großer Gefühle, sondern konkrete, harte Arbeit bis in den Bereich der Organisation und Verwaltung hinein.

Das gilt erst recht, wenn wir die katholische Kirche als eine Weltkirche sehen, die überall in den unterschiedlichen Kulturen und Situationen präsent ist. Die Kirche ist zwar in gewisser Weise eine Weltorganisation ohne Vergleich, aber: ob wir überall schon das nötige Niveau einer Weltorganisation haben? Auch hier dürfen und müssen die Erkenntnisse der Katholischen Soziallehre Anwendung finden.

Die Kurie etwa steht im Dienst der ganzen Kirche. Sie ist nicht nur, wie manche meinen oder wie es in der Vergangenheit der Fall war, Arm und Auge des Papstes. Hier muss die Kurienreform die Entwicklung vorantreiben. Auf jeden Fall ist ein Zentralismus völlig unangemessen. Eine Weltorganisation zentralistisch aufzubauen ist außerordentlich ineffektiv, ja unmöglich. Dazu reichen die Mittel nicht und es würde dem Prinzip der Subsidiarität und den Erkenntnissen des Zweiten Vatikanischen Konzils widersprechen. Und selbstverständlich werden auch die Bischofskonferenzen oder der Zusammenschluss von Bischofskonferenzen eine größere Bedeutung bekommen müssen, nicht um jemandem Macht zu nehmen, sondern um Kirche überall wirksam gegenwärtig zu machen. Papst Franziskus ermutigt dazu, diesen Schritt, den das Zweite Vatikanische Konzil anstößt, auch zu gehen. So schreibt er etwa in *Evangelii Gaudium*:

Eine übertriebene Zentralisierung kompliziert das Leben der Kirche und ihre missionarische Dynamik, anstatt ihr zu helfen. (EG 32)

Insgesamt ist die Erneuerung der Kirche ein umfassendes theologisches, spirituelles und strukturelles Programm, faszinierend und herausfordernd zugleich. Denn die katholische Kirche steht doch recht einzigartig als eine weltweite Gemeinschaft des Glaubens und Lebens da. Keine andere Religion will so weltweit im gemeinschaftlichen und vielfältigen Zeugnis präsent sein wie die katholische Kirche. Die aktuelle Diskussion um die Familiensynode zeigt, wie schwer es ist, in einer kulturell so vielfältigen Welt bei einem Thema, das so sehr geprägt ist von den unterschiedlichen Situationen, eine gemeinsame Sprache zu finden. Gerade deshalb ist der Weg der katholischen Kirche in die Zukunft nicht nur wichtig für sie selbst, sondern hat Folgen für alle Menschen.

Kirche *über*lebt

Eigentlich ist die Frage, ob Kirche überlebt, für einen Theologen leicht zu beantworten: Jesus Christus hat der Kirche verheißen, dass die Mächte der Hölle sie nicht überwältigen werden (vgl. Mt 16, 18). Und daran glaube ich. Aber das entbindet uns alle, besonders auch den Papst und die Bischöfe, nicht davon, unsere Verantwortung wahrzunehmen und das Leben der Kirche je neu zu gestalten gemäß der großen theologischen und geistlichen Tradition, aber auch mit den immer neuen Herausforderungen der Zeit. Und die Herausforderungen sind enorm: die Globalisierung, die digitale Revolution, die neuen Spannungen zwischen den Kulturen, die Bedrohung durch einen wilden Kapitalismus, die wachsende Ungleichheit. Deswegen geht es beim Überleben der Kirche im Letzten nämlich gar nicht um die Kirche, sondern um die ganze Menschheitsfamilie. Denn Kirche ist nicht für sich selbst da, sondern für die Menschen. Eine narzisstische Kirche, die um sich selbst kreist, wäre ein Gegenbild zu der Kirche, wie sie von Jesus auf den Weg geschickt wurde. Das unterstreicht Papst Franziskus immer wieder. Es bedeutet: da sein für die Menschen, die eben Leib und Seele sind. Der Hunger der Seele soll gestillt werden, aber der Hunger nach Brot, nach Leben, nach Arbeit, nach Gerechtigkeit muss für die Kirche genauso wichtig sein. Auf der einen Seite wird die Kirche – und muss sie – eine gewisse »Irritation« bleiben, eine wirkliche »Unterbrechung«, was nicht einfach Pause bedeutet, sondern Unterbrechung der Logik der Macht, des Gewinns, der Herrschaft von Menschen über Menschen, der Gewalt. Diese »Unterbrechung« wird besonders deutlich im Gebet und in der Liturgie, die den Raum öffnet für die »neue Schöpfung«. Deswegen bleibt die Feier der Eucharistie »Quelle und Höhepunkt« (SC 11) des kirchlichen Lebens. Sie ist nicht dekoratives Zubehör, sondern Herz des kirchlichen Lebens. Sie ist der Ort, wo der Himmel die Erde berührt und das neue, andere Leben eintreten kann in die alte Welt. Sie ist der Ort, wo der Veränderungs- und Verwandlungsprozess immer wieder neu in Gang kommt.

Denn im Zentrum allen Lebens der Kirche steht

ja der Glaube an den Dreifaltigen Gott, der durch die Kirche öffentlich bezeugt wird. Die Kirche muss also durch ihre »Gottesrede« heilsame Irritationen auslösen. Und die Kirche will alle einladen, den Weg zu finden in die Gemeinschaft mit diesem unbegreiflich liebenden Gott, der sich offenbart und schenkt als Vater, Sohn und Heiliger Geist. Das ist das größte Abenteuer des menschlichen Geistes und Lebens. Die zentrale Aufgabe der Kirche ist, für alle Menschen Türen aufzuschließen und Wege zu eröffnen, um Gott zu finden, beziehungsweise noch besser: sich von ihm finden zu lassen. Die sakramentale Struktur, die gerade die katholische Kirche so sehr und so recht betont, unterstreicht die absolute Priorität Gottes. Dieser Gott ist nicht unser Eigentum, denn auch als Kirche stehen wir anbetend und schweigend und staunend vor ihm. Aber wir können zeigen, dass der Unbegreifliche begreifbar geworden ist in Jesus Christus. Deshalb ist der Kern des katholischen Lebens die Feier der Heiligen Messe. In ihr wird am deutlichsten, was Kirche ist, in welcher Gestalt und Ordnung sie lebt und wie der geheimnisvolle Gott an uns handelt in der Gemeinschaft des Volkes Gottes. Aus diesem Grund hat Papst

Benedikt XVI. recht, wenn er schon als Professor und Kardinal gesagt hat, dass die Zukunft der Kirche, ihr Geschick, sich an der Liturgie entscheidet. Einfacher: Wie wir die Messe feiern, macht deutlich, was und wie wir glauben. Darin zeigt sich der Kern des katholischen Glaubens und Lebens. Deswegen bleibt auch wichtig, am »kultischen Charakter« der Heiligen Messe festzuhalten, ja, diesen Charakter neu zu entfalten. Denn nur, wenn der Himmel wirklich die Erde berührt, ist das Wesen des Christentums verstanden und erfahren. Im Gottesdienst ist das Wirklichkeit. Es ist keine Utopie, sondern Realität. Und diese Realität ist Unterbrechung und Aufbruch zum Zeugnis, wenn am Ende der Messe die Sendung erfolgt.

Sosehr also die Kirche sich auch glaubwürdig zeigen muss im Engagement für die Armen und Verwundeten und dies zu ihren Prioritäten gehören muss für die Zukunft, bleibt alles in der Gefahr, zu einer rein sozialen Tätigkeit zu werden, wenn dieses sakramentale Geschehen, die Feier des Ostergeheimnisses, nicht das Fundament ist. Dann wird die Kirche zu einer »wohltätigen NGO«, wie Papst Franziskus in der ersten Predigt nach seiner Wahl sagte. Den Armen und der »Peripherie« Priorität zu geben im Sinne von Papst Franziskus, ergibt sich aus der Feier der Eucharistie, sonst wird sie zu einem kultischen Rückzugsort. Katholische Erneuerung und Profilbildung kreist um dieses Zentrum: die Heilige Messe und die Armen!

Eine im guten Sinne katholische Profilierung des Lebens und Denkens der Kirche bedeutet natürlich nicht, den Weg der einfachen Antworten zu gehen. Schwarz-Weiß-Schablonen helfen nicht weiter und die Versuchung, die Probleme in fertigen Schubladen abzulegen und populistisch zu vereinfachen, führt in die falsche Richtung. Das gilt übrigens nicht nur innerhalb der Kirche, sondern auch in der Gesellschaft. Es ist nicht erstaunlich, dass in einer offenen und differenzierten Gesellschaft die Suche nach Reduzierung der Komplexität, nach Vereinfachung und Klarheit zu Abgrenzungsstrategien führt, die einen gewissen Mobilisierungsgrad erreichen können, aber letztlich den großen geistigen und gesellschaftlichen Herausforderungen aus dem Weg gehen. So gibt es auch einen »politischen Populismus«, der offensichtlich in manchen europäischen Ländern wachsenden Zuspruch erfährt, auch unter Christen.

Für die Kirche ist vielmehr der Weg einer geistlichen und auch lehrmäßigen Verdeutlichung der katholischen Glaubenswahrheiten und der katholischen Lebensweise notwendig. Wer sich in einer offenen, differenzierten und ständig diskutierenden Gesellschaft mit seinen Positionen behaupten, ja, sogar andere überzeugen will, muss sich hineinbegeben in die Debatte und sich mit den anderen Positionen intensiv vertraut machen. Auch da geht es um einen Wettbewerb, den Wettbewerb der Ideen. Unerreichtes Vorbild ist für mich in dieser Hinsicht G. K. Chesterton, etwa in seinen Büchern »Ketzer« und »Orthodoxie«. Bei ihm sieht man vor allem: Aus einer katholischen Gewissheit zu argumentieren muss nicht kleinkariert, verbissen und vor allem nicht humorlos daherkommen. Wie gut wäre es, auch heute solche fröhliche Apologeten zu haben.

Familie als Ort der Evangelisierung

Es geht aber auch um eine neue Evangelisierung, um eine missionarische Kirche. Für Papst Franziskus ist »das missionarische Handeln das Paradigma für alles Wirken der Kirche« (EG 15). Zur Mission gehört aber auch, sich einzulassen auf die jeweilige Kultur und Zeit, denn: was nicht angenommen wird, kann nicht gerettet werden! Wie in der gesamten Missionsgeschichte der Kirche gilt es deshalb, immer neue Anschlüsse zu ermöglichen und zu suchen.

Der wichtigste Ort der Evangelisierung und auch der Neuevangelisierung ist und bleibt die Familie. Wenn in der Lebenspraxis der Familie erlebbar wird, dass der Glaube die Lebensqualität vertieft und stärkt, dann bleibt das für viele Menschen ein Lebensschatz, eine Lebensquelle. Deshalb ist der Einsatz für Ehe und Familie für die Kirche so wichtig, aber auch das Verständnis für die Wirklichkeit von Ehe und Familie.

Eine wirklich evangelisierende Kirche in unserem Land hat eine wichtige Voraussetzung: Sie muss sich gemeinschaftlich und individuell neu vergewissern, was katholischer Glaube und katholisches Leben ist. Natürlich kann man auf den Katechismus der katholischen Kirche verweisen, aber damit ist es nicht getan. Es geht darum, das Leben möglichst vieler katholischer Christen im Glauben wieder so zu verankern, dass dieser Glaube für sie nicht zunächst ein Problem, sondern eine Quelle der Freude, ja des Glücks ist, eine Befreiung, ja ein Qualitätssprung.

In einen solchen Kontext gehört das Bemühen um Gesprächsforen, geistliche Prozesse, Pilgerwege, auch synodale Foren und Dialogbemühungen, wie sie in den letzten Jahren immer wieder stattgefunden haben. Diese Gespräche und Dialoge dürfen aber nie zu einer Kopie politischer Veranstaltungen werden, wo die eine Seite von der anderen etwas fordert und Mehrheiten sich siegreich durchsetzen. Wenn die Kirche von Synoden spricht, geht es immer um den Gedanken der Communio, das heißt der Einmütigkeit, nicht nur der gerade Versammelten, sondern der Communio mit der Kirche aller Zeiten. Denn die ganze Glaubensgeschichte der Kirche gehört mit in das Bemühen der Selbstvergewisserung hinein, und die Einheit mit dem Bischof und dem Papst zur Substanz des katholischen Glaubens. Aber der

Weg der Verständigung, des Hörens, des Lernens, des Austauschens ist nicht einseitig von »oben« nach »unten« zu gestalten, sondern ein geistlicher Kommunikationsprozess. Wir müssen also lernen, in der Kirche offen und geistlich auch über den Glauben miteinander zu sprechen. Da gibt es nicht nur auf der einen Seite Hörende, auf der anderen Seite Lehrende!

Und es wäre wichtig, vom Zentrum her aufs Ganze zu schauen. Sowohl für die Gläubigen wie auch für viele Beobachter der Kirche wird zu wenig sichtbar, was eigentlich die Mitte des Glaubens ist. Für manche erscheint das katholische Leben wie eine Ansammlung von Merkwürdigkeiten und abwegigen Ideen. Es gibt auch ein falsches Verständnis des Begriffs der Hierarchie der Wahrheiten. Manche Elemente der Glaubenslehre dürfen nicht einfach zur Seite geschoben werden. Es geht vielmehr um das richtige Verständnis, von der Mitte, vom Zentrum her auf das Ganze zu schauen. Wer an der Peripherie stehen bleibt, stößt tatsächlich nicht ganz vor zum »Glanz der Wahrheit«. Manchmal lassen wir uns als Kirche aber auch selbst ein auf falsche Schwerpunkte, etwa wenn alle Themen im Bereich der Sexualität so dominierend in den Vordergrund gerückt werden, als gehe es hier um die wichtigsten Aussagen zum katholischen Glauben.

Es geht darum, »geistliche Biotope« aufzubauen, nicht Nischen zu schaffen für das Überleben, sondern Orte, die zur Quelle werden für neues Leben. Deshalb muss die Diskussion um Kirchenschließungen möglichst schnell beendet werden. Es geht nicht darum, Kirchen zu schließen, sondern zu öffnen. Die Aussage von Kardinal Lustiger müsste in all ihrer Provokation in den Köpfen und Herzen sein: Das Christentum in Europa steckt noch in den Kinderschuhen, seine große Zeit liegt noch vor uns! Eine Kirche, die der Überzeugung wäre, ihre große Zeit liege hinter ihr und sie habe jetzt nur noch das Schlimmste zu verhüten und Restbestände der großen Vergangenheit zu bewahren, hätte geistig kapituliert und wäre damit auch als Kultur prägende Kraft am Ende. Das wäre eben eine narzisstische Kirche, die sich als Zitadelle gegen die böse moderne Welt versteht.

Papst Johannes XXIII. sprach vom »aggiornamento«, vom »Heutig-Werden« des Glaubens. Das Zweite Vatikanische Konzil hat in seinen großen Dokumenten diesen Weg eingeschlagen. In seiner

Eröffnungsansprache hat Johannes XXIII. darauf hingewiesen, dass es nicht darum geht, den Glauben zu verändern oder an den Zeitgeist anzupassen, sondern aus der großen theologischen und geistlichen Tradition des katholischen Glaubens der heutigen Welt und den heutigen Menschen überzeugend darzulegen und durch das Leben zu bezeugen, dass der katholische Glaube in gewisser Weise eine geistliche Fortschrittsidee ist. Die Kirche sollte sich nicht darstellen als die große Nein-Sagerin, sondern als Zeugin des Ja-Wortes Gottes. Nicht die geistige Defensive hat das erste Wort, sondern die Offensive, verbunden mit der Hoffnung, dass das Evangelium die unüberbietbar größte Aufklärung und Befreiung ist, auch für die Zukunft. Deswegen passt am wenigsten zur Verkündigung des katholischen Glaubens die Angst und das Sich-Einmauern in der Enge. Deshalb gehören Lehre und Leben zusammen. Den katholischen Glauben kann man nur verstehen, wenn er auch in Lebenszeugnissen sichtbar wird. Darum sind lebendige Pfarreien, überzeugende Orden, geistliche Gemeinschaften und aus dem Geist der Katholischen Soziallehre inspirierte soziale Bewegungen so wichtig.

Der Weg der Kirche kann nicht der Weg der »Restauration« oder der blinden Anpassung sein, sondern nur der Weg der Erneuerung, der »Renaissance«. Wir werden hoffentlich auch in Zukunft in einer offenen, vielfältigen und differenzierten Gesellschaft leben. Es geht nicht darum, Menschen vor einer solchen Gesellschaft zu bewahren, sondern sie als Christen zu befähigen, stark und überzeugend mit der Unübersichtlichkeit der Welt umzugehen, sozusagen im Glauben einen klaren Kopf zu behalten, den Überblick, die wirkliche Aufklärung zu finden. Das wäre die Aufgabe einer guten katholischen Bildungsarbeit und Katechese: helfen zur verantwortlichen Freiheit!

Die Krise der Kirche kann wie jede Krise auch ein Wendepunkt sein. Es gilt, die »Zeichen der Zeit im Licht des Evangeliums« zu deuten. Dann können sich Wege öffnen für eine wirkliche Neu-Evangelisierung, und die Kirche erneuert sich, indem sie tut, wozu sie gesandt ist, mit gelassener Zuversicht und ohne Angst.

Kardinal Lustiger hat recht: Wir stehen am Anfang einer neuen Epoche des christlichen Glaubens. Ja, wir kommen aus einer reichen Tradition und Geschichte, und darüber dürfen wir uns freuen, aber für die kommenden Herausforderungen reicht das nicht. Wir müssen neu lernen, wie großartig es ist, Christ zu sein, welch kostbares Geschenk unser Glaube ist. Gemeinsam müssen wir der Welt zeigen, dass wir in Christus und mit ihm nicht weniger Leben haben, sondern im Gegenteil das volle Leben und die wahre Freiheit finden. Es geht in den nächsten Jahren und Jahrzehnten um einen epochalen Wandel, einen Neuanfang, der möglich und nötig ist. Oder trauen wir der Kraft des Evangeliums nichts mehr zu? Dann allerdings wären wir schon ungläubig geworden.

Christ sein in einer urban geprägten Gesellschaft

Das muss unsere Grundüberzeugung sein, und zwar nicht um unseretwillen, sondern um der Welt und der Menschen willen. Als ich Anfang 2015 in Kalifornien war und die Firmen Facebook und Google besucht sowie Gespräche geführt habe an verschiedenen Universitäten und in karitativen Einrichtungen, die sich mit Flüchtlingen und Einwanderern beschäftigen, habe ich mir selbst noch einmal stärker die Frage gestellt: Wie wird die Gesellschaft der Zukunft aussehen? Ich hatte den Eindruck, wesentliche Elemente dort verdichtet gesehen zu haben: eine Gesellschaft, die sehr stark städtisch geprägt ist, aus vielfältigen Kulturen und Religionen zusammengesetzt, mit neuesten technischen Möglichkeiten ausgestattet, in den sozialen Medien untereinander verbunden. Und ich frage mich: Welche Religion, welche Glaubensüberzeugung müsste eigentlich in diese Gesellschaft hinein verkündet werden?

Für mich ist klar: Vom Menschenbild her, von der universalen Botschaft und von der Fähigkeit her, durch die eine Kirche viele Nationen und Kulturen miteinander zu verbinden, hat das Christentum alle Chancen, in diese Zukunft prägend und kritisch hineinzuwirken. Das Potenzial ist da: Der christliche Glaube befähigt zur wirklichen Freiheit, setzt den gebildeten, verantwortlichen Menschen voraus, verteidigt die Würde der Person. Gerade in eine solche Welt gehören das Evangelium und die Kirche als kritische Wegbegleiterin, die sich nicht zurückzieht und sich nur an der Vergangenheit orientiert. Und vielleicht wird auch deutlich, dass in einer Welt, die tatsächlich stärker den

Kampf der Kulturen spürt, die Kirche, die zwar in allen Kulturen präsent sein muss und sein kann, doch in den Auseinandersetzungen auf der Seite der Freiheit, der Menschenwürde, der Verteidigung der Rechte der Armen und Unterdrückten, der Religionsfreiheit, der Rechte der Frauen, der Trennung von Kirche und Staat und auch der Demokratie stehen muss. Die meisten dieser Werte wären ja ohne das Christentum und sein Wirken überhaupt nicht denkbar. Da müsste klar sein, wo die Kirche ihren Platz hat: auf der Seite der verantwortlichen Freiheit!

Umso mehr muss uns mit Sorge erfüllen, dass es auch im kirchlichen Bereich in allen Konfessionen und Gemeinschaften Tendenzen gibt zum Populismus, zur Schwarz-Weiß-Malerei, zur Kritik am Pluralismus, der ja eine Konsequenz der Freiheit ist. Woher sollten die grundsätzlichen Werte, Bindungen und ethischen Orientierungen für die offene und freie Gesellschaft, die sich in besonderer Weise von Europa her entwickelt hat, kommen, wenn diese Zivilisation die Verbindung zum Christentum ganz abschneidet oder wenn wir selbst diese Verbindung kappen? Denn auch der christliche Glaube kann sich selbst nicht ganz begreifen ohne dieses gesellschaftliche, intellektuelle und politische Wechselspiel zwischen Kirche und Gesellschaft, dessen Schauplatz Europa war und ist. Sicher kann man manchen Klagegesang über den Niedergang des Westens und die Krise der Moderne führen. Aber was ist die Alternative? In der Zukunft der Kirche geht es auch um die Zukunft Europas, wie sie Papst Franziskus in seiner Rede vor dem Europaparlament in Straßburg beschworen hat:

Die Stunde ist gekommen, gemeinsam das Europa aufzubauen, das sich nicht um die Wirtschaft dreht, sondern um die Heiligkeit der menschlichen Person, der unveräußerlichen Werte; das Europa, das mutig seine Vergangenheit umfasst und vertrauensvoll in die Zukunft blickt, um in Fülle und voll Hoffnung seine Gegenwart zu leben. Es ist der Moment gekommen, den Gedanken eines verängstigten und in sich selbst verkrümmten Europas fallen zu lassen, um ein Europa zu erwecken und zu fördern, das ein Protagonist ist und Träger von Wissenschaft, Kunst, Musik, menschlichen Werten und auch Träger des Glaubens ist. Das Europa, das den Himmel betrachtet und Ideale verfolgt; das Europa, das auf den

Menschen schaut, ihn verteidigt und schützt; das
Europa, das auf sicherem, festem Boden voran-
schreitet, ein kostbarer Bezugspunkt für die gesamte
Menschheit!

Die Parlamentarier haben lange applaudiert. Zugleich müssen wir uns fragen, welche Konsequenzen solche Begegnungen und solche Reden haben
können. Ob man es wahrhaben will oder nicht:
Der Orientierungsrahmen und der Horizont, den
die westliche Moderne der Welt vorgestellt hat,
wird weiterhin ein entscheidender Maßstab für die
menschliche Entwicklung bleiben. Und ich füge
hinzu: Hoffentlich! Denn in wesentlichen Punkten
ist er dem Evangelium näher als andere Konzepte.

Dieser Orientierungsrahmen braucht jedoch ein
Fundament, braucht kritische Wegbegleitung und
neue Besinnung und nicht nur ein Lamento über
einen moralischen Niedergang und die Verkom-
menheit der modernen Welt. Eine solche Sicht hält
auch der wirklichen, sachlichen Überprüfung nicht
stand. Als wäre es in früheren Jahrhunderten moralisch besser zugegangen. Es gab keine Zeit in der
Geschichte der Kirche, wo die Evangelisierung
sozusagen abgeschlossen und vollendet gewesen

wäre und das moralische Verhalten der Menschen besser. So einfach kann man es sich nicht machen. Und mit einer Haltung der Anklage und mit Jammern über die böse Welt kann und darf die Kirche das Evangelium nicht verkünden, sonst setzt sie sich ins Unrecht und wird nicht mehr ernst genommen. Allerdings muss sie wirklich kritische Wegbegleiterin sein, sonst hat sie ihre Sendung vergessen. Ja, sie muss einen Relativismus verurteilen, der Wahrheit und Mehrheit verwechselt. Sie muss einen Kapitalismus kritisieren, wo die Armen unter die Räder kommen. Sie wird eintreten für das Leben, die Ehe und die Familie, aber in einer Weise, die deutlich macht, dass ihre Botschaft ein Evangelium, eine froh und frei machende Botschaft ist.

Wahrscheinlich ist es ein viel längerer Weg der Erneuerung und Vertiefung in diesem Wechselverhältnis von Kirche und Gesellschaft, als wir im Augenblick vermuten. Durch wie viele Verwerfungen und Krisen und Spannungen wird er hindurchgehen? Ich kann es nicht voraussagen. Ich stimme dem zu, was der Theologe und Philosoph Tomáš Halík bei der Verleihung des Templeton-Preises 2014 gesagt hat:

Als Alexander Solschenizyn gefragt wurde, was nach dem Kommunismus käme, antwortete er: Eine sehr, sehr lange Zeit der Heilung. Meine Antwort auf die Frage, was jener Zeit folgen wird, in der es so viele Gläubige und Nichtgläubige für leicht hielten, über Gott zu reden, lautet: Ich erwarte eine sehr, sehr lange Reise in die Tiefen. Und ich setze meine Hoffnung darauf.

Und ganz zuletzt: Wir können Visionen und »Kirchenträume« entwickeln, aber immer wieder ist auch klar: Es gilt, die Kirche zu lieben in ihrer konkreten Gestalt. Wir werden uns immer wieder ärgern, auch über eigene Unzulänglichkeiten. Aber wir dürfen nie die Flucht antreten in das Bild einer idealen Kirche der Vergangenheit oder der Zukunft. Die katholische Kirche besteht darauf: In dieser jetzt sichtbaren, konkreten Gemeinschaft mit all ihren Schwächen ist die Kirche Christi verwirklicht (VGL. LG 8). Sie ist Mutter und Heimat unseres Glaubens. Im Mitgehen in dieser konkreten Kirche erschließt sich – so erfahre und hoffe ich zugleich! – die Schönheit und Kraft des katholischen Lebens und Glaubens. Nein, die Kirche ist kein Traum, keine Idee. Sie ist real, erfahrbar und auf dem Weg.

Dank

Aktuelle Diskussionen haben mich spontan angeregt, dieses Buch zu schreiben. Es ist also recht kurzfristig auf meine Agenda gekommen. Ich wollte eine grundsätzliche Linie in der aktuellen Diskussion über die Kirche aufzeigen und weiterführen. Viele Einzelprobleme, die oft als einzige Reformkriterien im Raum stehen, habe ich bewusst nicht aufgegriffen, aber ich hoffe, dass das hier vorgestellte »theologische Gerüst« auch diesen Fragen die Richtung weisen kann.

Zu dem Thema hätte ich noch so viel zu sagen, aber das Buch ist ein Versuch, eine Art Essay unter Rückgriff auf manche meiner früheren Texte, die aktuelle Diskussion über den Weg der Kirche anzuregen. Solche Diskussionen wünsche ich mir.

Ich danke dem Kösel-Verlag, der sofort bereit war, den Text möglichst bald zu veröffentlichen. Besonders danke ich meiner bewährten und überaus engagierten Theologischen Referentin Inge Broy und meinem Sekretariat für die intensive zusätzliche Arbeit.

Verwendete Literatur

Die Bibel. Altes und Neues Testament. Einheitsüber-
setzung (1980): Freiburg (Herder).

Evangelii Gaudium (2013). Apostolisches Schreiben von
Papst Franziskus vom 24.11.2013. Verlautbarungen
des Apostolischen Stuhls Nr. 194, hg. vom Sekretariat der Deutschen Bischofskonferenz. Bonn.

Pastor Aeternus (1870). Erste dogmatische Konstitution
über die Kirche. In: Dekrete der ökumenischen
Konzilien. Hg. v. Istituto per le Scienze Religiose,
Bologna. Besorgt von Giuseppe Alberigo in Zusam-
menarbeit mit Hubert Jedin. Bd. 3: Konzilien der
Neuzeit. Konzil von Trient. Erstes Vatikanisches
Konzil. Zweites Vatikanisches Konzil. Hg. Josef
Wohlmuth (2002): Paderborn, München, Wien,
Zürich (Schöningh), S. 811–816.

Quadragesimo Anno (1931): Enzyklika von Papst Pius
XI. vom 15.5.1931. In: Katholische Arbeitnehmer-
Bewegung Deutschlands e.V. (Hg.): Texte zur katho-
lischen Soziallehre. Die sozialen Rundschreiben der
Päpste und andere kirchliche Dokumente. 9. erw.
Aufl., Köln, Kevelaer 2007 (Butzon & Bercker,
Ketteler-Verlag), S. 61–122.

Redemptor hominis (1971): Enzyklika von Papst Johan-
nes Paul II. vom 4.3.1979. Verlautbarungen des
Apostolischen Stuhls Nr. 6, hg. vom Sekretariat der
Deutschen Bischofskonferenz. Bonn.

Chesterton, Gilbert Keith (2012): *Ketzer. Eine Verteidigung der Orthodoxie gegen ihre Verächter. Ein Plädoyer gegen die Gleichgültigkeit.* Frankfurt (Insel Verlag).

Chesterton, Gilbert Keith (2000): *Orthodoxie. Eine Handreichung für die Ungläubigen. Mit einer Einleitung von Martin Mosebach.* Frankfurt (Eichborn Verlag. Die Andere Bibliothek).

Denzinger, Heinrich: *Enchiridion Symbolorum Definitionum et Declarationum de Rebus Fidei et Morum. Kompendium der Glaubensbekenntnisse und kirchlichen Lehrentscheidungen.* Lateinisch – Deutsch. Hg. v. Peter Hünermann. 44. Aufl. Freiburg, Basel, Wien 2014 (Herder).

Papst Franziskus (2014): *Ansprache an das Europaparlament.* Straßburg, 25.11.2014. Zitiert nach: http://w2. vatican.va/content/francesco/de/speeches/2014/ november/documents/papa-francesco_20141125_ strasburgo-parlamento-europeo.html.

Habermas, Jürgen (2001): *Glauben und Wissen.* Friedenspreis des Deutschen Buchhandels 2001. Frankfurt (edition suhrkamp).

Halík, Tomáš (2014): »Templeton Prize Lecture«. Zitiert nach: *Die Zukunft des Glaubens.* Deutsche Übersetzung von Peter Praschl. Die Welt, 31.5.2014, S. 25.

Horkheimer, Max/Adorno, Theodor W. (1988): *Dialektik der Aufklärung. Philosophische Fragmente.* Frankfurt (Fischer).

Huntington, Samuel P. (1998): *Kampf der Kulturen.*
Die Neugestaltung der Weltpolitik im 21. Jahrhundert.
München (Goldmann).

Papst Johannes XXIII. (1962): »Ansprache anlässlich der
feierlichen Eröffnung des Zweiten Vatikanischen
Ökumenischen Konzils«. Zitiert nach: KNA *Sonder-*
dienst Zweites Vatikanisches Konzil, Nr. 19, 11.10.1962.
Bonn, München, Berlin, Frankfurt, Rom (Katholische
Nachrichten-Agentur), S. 1–9.

Kasper, Walter Kardinal (1987): »Der Geheimnischarakter hebt den Sozialcharakter nicht auf«. In:
Herder Korrespondenz. Freiburg (Herder), Heft 5
(41. Jahrgang), S. 232–236.

Kerber, Walter (1984): »Die Geltung des Subsidiaritäts-
prinzips in der Kirche«. In: *Stimmen der Zeit.* Freiburg (Herder), Heft 10 (109. Jahrgang), S. 662–672.

Marx, Reinhard (1990): *Ist Kirche anders? Möglichkei-*
ten und Grenzen einer soziologischen Betrachtungs-
weise. (Abhandlungen zur Sozialethik, Bd. 29).
Paderborn, München, Wien, Zürich (Schöningh).

Marx, Reinhard (1993): »Ist Kirche anders? Zum Mit-
einander in der Kirche aus der Sicht der Katholischen
Soziallehre«. In: *Stimmen der Zeit.* Freiburg (Herder),
Heft 2 (118. Jahrgang), S. 123–130.

Marx, Reinhard (2004): »Glaube und Kirche angesichts
einer sich beschleunigenden Moderne: Zur Notwen-
digkeit einer ›aufgeklärten Aufklärung‹«. Vortrag bei

den Salzburger Hochschulwochen. In: Heinrich
Schmidinger, *Chancen des Christlichen in einer öko-
nomisierten Welt.* Salzburger Hochschulwochen
2004. Innsbruck, Wien (Tyrolia), S. 26–51.

Marx, Reinhard (2011): »Krise und Wende. Zur Lage
der Kirche«. In: *Herder Korrespondenz.* Freiburg
(Herder), Heft 7 (65. Jahrgang), S. 335–339.

Metz, Johann Baptist (1977): *Glaube in Geschichte und
Gesellschaft. Studien zu einer praktischen Fundamen-
taltheologie.* Mainz (Grünewald).

Metz, Johann Baptist / Kaufmann, Franz-Xaver (1987):
Zukunftsfähigkeit. Suchbewegungen im Christentum.
Freiburg (Herder).

Rahner, Karl (1966): »Frömmigkeit früher und heute«.
In: Ders., *Sämtliche Werke. Bd. 23: Glaube im Alltag.
Schriften zur Spiritualität und zum christlichen
Lebensvollzug.* Bearbeitet von Albert Raffelt. Freiburg
(Herder), S. 31–46.

Rahner, Karl / Vorgrimler, Herbert (1966): *Kleines Kon-
zilskompendium. Sämtliche Texte des Zweiten Vatikanischen Konzils.* 35. Aufl., Freiburg, Basel, Wien 2008
(Herder).

Ratzinger, Joseph Kardinal (2002): »Der angezweifelte
Wahrheitsanspruch. Die Krise des Christentums am
Beginn des dritten Jahrtausends«. In: *Frankfurter All-
gemeine Zeitung,* 8.1.2002, S. 1–11.

Ratzinger, Joseph / Benedikt xvi. (2011): *Jesus von Naza-*

reth. Zweiter Teil. Vom Einzug in Jerusalem bis zur Auferstehung. Freiburg (Herder).

Teresa von Ávila: »Das Buch meines Lebens«. In: Dies., *Werke und Briefe. Gesamtausgabe. Band I: Werke* (2015). Herausgegeben, übersetzt und eingeleitet von Ulrich Dobhan ocd, Elisabeth Peeters ocd. Freiburg, Basel, Wien (Herder), S.119–506.

Abkürzungsverzeichnis

DH Heinrich Denzinger. Kompendium der Glaubensbekenntnisse und kirchlichen Lehrentscheidungen.

DV Dei Verbum. Dogmatische Konstitution des Zweiten Vatikanischen Konzils über die göttliche Offenbarung. 18.11.1965.

EG Evangelii Gaudium. Apostolisches Schreiben von
Papst Franziskus. 2013.

GS Gaudium et Spes. Pastoralkonstitution des Zweiten
Vatikanischen Konzils über die Kirche in der Welt
von heute. 7.12.1965.

LG Lumen Gentium. Dogmatische Konstitution des
Zweiten Vatikanischen Konzils über die Kirche.
21.11.1964.

QA Quadragesimo Anno. Enzyklika von Papst Pius XI.
1931.

RH Redemptor Hominis. Enzyklika von Papst Johannes
Paul II. 1979.

SC Sacrosanctum Concilium. Konstitution des Zweiten
Vatikanischen Konzils über die Liturgie. 4.12.1963.